PRINCIPIOS DE URBANISMO

Le Corbusier

PRINCIPIOS DE URBANISMO

(*La Carta de Atenas*)

Discurso preliminar de
JEAN GIRAUDOUX

EDITORIAL ARIEL, S. A.
BARCELONA

Título original:
La Charte d'Athènes
Collection Forces Vives, Éditions de Minuit

Traducción de
JUAN-RAMÓN CAPELLA
El dibujo de las pp. 9 y 141 es original de Le Corbusier

1.ª y 5.ª edición en
Col. Ariel Quincenal: 1971 y 1981

1.ª edición en
Col. Ariel: abril 1989

Diseño colección: Hans Romberg

ISBN: 84-344-0705-1

Depósito legal: B. 11.988 - 1989

Impreso en España

1989. — Talleres Gráficos DUPLEX, S. A.
Ciudad de la Asunción, 26 - 08030 Barcelona

NOTA PREVIA

Vuelve a imprimirse La Carta de Atenas, *dieciséis años después de la primera edición de 1942, en plena ocupación. Nadie imagina, nadie quiere ni puede recordar la naturaleza de los debates preparatorios de la reconstrucción de Francia en aquel período que siguió al desastre. Fue una marea de invectivas, de reproches, de rechazos: de invectivas contra el arte moderno; de reproches contra quienes se habían dejado arrastrar por él; de rechazo de las soluciones técnicas propuestas o que se imponían, de rechazo de un sistema de pensar coherente: arquitectura y urbanismo indisolublemente conjugados. Para superar tanta incertidumbre, la amistad y el amor común por la cosa edificada hicieron posible que los responsables de esta publicación ilustraran la portada de la Carta con el nombre de Jean Giraudoux. Antes de la guerra había escrito* Pleins Pouvoirs, *invitando patéticamen-*

te al país a las alegrías y a los peligros de una gran aventura optimista, la construcción de los tiempos modernos, con la imaginación y el entusiasmo, los únicos motores eficaces. Desde 1928, los CIAM (Congresos Internacionales de Arquitectura Moderna) habían reunido unas energías hasta entonces dispersas, celebrando sus Asambleas en diferentes ciudades de Europa. En 1933, le llegó su turno a Atenas... Durante el período de opresión y de rechazo de la profesión (arquitectura y urbanismo) en 1941-1942, el nombre de Atenas aparecía como un escudo resplandeciente, y la palabra Carta como un mandato para pensar rectamente. Los trabajos del Congreso de Atenas constituyeron la base de la Carta. Había que redactar, ordenar y poner a disposición del público una materia complicada; hallar, en aquella agitada época, una forma tan anónima como fuera posible para no comprometer, con un nombre marginado como el mío, los objetivos perseguidos por esa edición. Dieciséis años después, ¿acaso han cambiado mucho las cosas?

Una mutación inmensa, total, se apodera del mundo: la civilización de las máquinas se afianza en el desorden, en la improvisación, en los escombros. ¡Y todo esto

*dura hace ya un siglo! Pero también hace
ya un siglo que la savia nueva prosigue su
marcha ascendente... Un siglo que los cla-
rividentes aportan ideas, nociones, y formu-
lan sugerencias...*

Un día, acaso...

París 6 septembre 1957

Le Corbusier

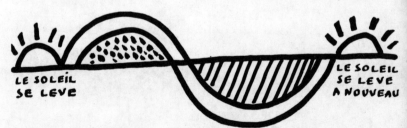

LE SOLEIL
SE LEVE

LE SOLEIL
SE LEVE
A NOUVEAU

LA JOURNÉE SOLAIRE DE 24 HEURES
RYTHME L'ACTIVITÉ DES HOMMES

DISCURSO PRELIMINAR

No hablamos del cielo, para lo cual no se discute el método. Pero puesto que cada hombre posee la Tierra y cada ciudadano su país, con el mismo derecho que todos los demás hombres y ciudadanos, no hay más política humana y nacional que la que ambiciona facilitar al hombre el ejercicio de esta igualdad. La patria debe, a todo niño que nace, idéntico regalo de bienvenida: la patria misma, en su conjunto, sin restricción alguna; y no solamente por la grandeza de su naturaleza y de su espíritu se reconoce una patria grande, sino también por la facilidad con que es posible llegar hasta ella, por la comodidad con que es posible disfrutarla. Con esta única condición, sustraídos así sus tesoros al relicario oculto, al largo peregrinaje, la patria se orienta hacia la vida cotidiana, con sus seguridades y hacia el porvenir con sus aventuras.

Admitir este axioma, que parece trivial, significa, sin embargo, arrogarse el derecho de ser juez y parte en el debate, vital para la humanidad, que provoca desde hace algunas décadas la adaptación del mundo a sus recursos y formas modernas, pero que nunca ha mostrado ser tan vivo y soberano de sí como ahora. A la luz de este axioma, el problema de una nación, privilegiada por el sino, no consiste ya en organizar para el ciudadano una vida rutinaria de civilización corriente, común a los pueblos del universo. El problema consiste en dotarle de todas las facilidades y de todas las facultades que le permitan participar, tanto por el instinto y por el hábito como por la voluntad y el razonamiento, en las funciones, destino y méritos de su nación. La tarea es cada día más ardua. En el momento mismo en que la esencia de cada nación se tornaba más particular y acusada, en que una crisis aparentemente de crecimiento hacía que brotaran en el mundo naciones nuevas, la esencia del ciudadano se diluía y evaporaba. A través de las más cerradas fronteras que se hayan conocido jamás, se infiltraba una vida sin destino ni personalidad, voluntariamente baja y mediocre, servil ante la entidad nacional pero que disolvía en el corazón simple todas las bases. A un nacionalismo más consciente y más ambicioso que nunca, preocupado cada vez más de sus deberes y de sus particularidades, se oponían poco a poco, en la mayoría de los países, un cuerpo y un alma populares cuyas preocupaciones, goces y alimentos eran comunes a una humanidad que los responsables interesados habían calculado expertamente en su mínimo denominador. Gracias a la época, la nación ganaba cuanto el ciudadano perdía por culpa del progreso. Se precisa así el peligro que amenaza a nuestra civilización. De la misma manera que la mayoría de los campesinos o de los artesanos han prescindido de su traje nacional y lo han dejado a unos pocos profesionales que lo exhiben los días de fiesta, la mayoría de los ciudadanos no desea otra cosa que descargarse de su espíritu y de su virtud nacionales en unos cuantos *amateurs*, en unos cuantos energúmenos o en unos cuantos apasionados. Es de temer que la misión y la conciencia nacionales sean asunto exclusivo de una cohorte cada vez más sofisticada, en el centro del país, vencida por la trivialidad y la insensibilidad universales. Es de temer que la preocupación de conservar la razón de la nación quede un día reservada a una casta, a una oligarquía; que el genio del país deje de ser función del país en su conjunto y de su masa, que deje de ser su savia, y se convierta en el acto cerebral de una inteligencia que únicamente podrá imponer a un pueblo sus propias virtudes y su propia naturaleza mediante el artificio o la tiranía. Nuestra civilización tendrá sólo estados mayores o vestales. Será una guerra o un rito. Su pensamiento y su máscara se avivarán a medida que la parálisis invada su organismo; y ello será su muerte, pues, aunque el historiador pretenda lo contrario, los grandes pueblos no han muerto jamás por la cabeza. Al contrario, a veces han encontrado en el instante último los jefes más indicados para la flor de su vida, y el espectáculo de la agonía de los pueblos ha quedado reservado a menudo para sus más grandes hombres. Las grandes civilizaciones han muerto con una consciencia tanto más espantosa cuanto que los supervivientes responsables de ellas eran su más acabado y fanático producto; y una nación reducida a una élite y a un cerebro, a los sibaritas caballerosos o cínicos de una vida en otro tiempo instintiva pero convertida ahora en el supremo lujo, es sólo la prefiguración, algo más viva, de esos pueblos extintos que vemos, sin embargo, flotar todavía sobre la espuma del olvido, élite incorruptible y vana, el espíritu y el semblante.

Qué medidas o qué sortilegios, qué transfusiones pueden poner remedio a este languidecer del alma nacional en un ciudadano que por su parte quedaría maravillado por nuestros temores —pues esa alma se vuelve a pintar diariamente para él con los más deslumbrantes colores de su país—, tal es la cuestión sobre la que meditan, en esta mitad del siglo, todos los frentes políticos. No se trata hoy de ir enumerando sus respuestas. Sin embargo, puesto que los C.I.A.M. me han hecho el honor de presentarme como heraldo de su hueste, tengo el deber de indicar que su Carta de Atenas plantea con precisión la fórmula básica. La Carta llega hasta nosotros para aportar confianza y apoyo a quienes han comprendido que el primer factor de longevidad de un pueblo es el siguiente: que tenga exactamente la edad de su época. Una civilización, por vivaz y fecunda que sea, no puede aceptar ser sobrevalorada ni subestimada, ni siquiera en aspectos secundarios, por civilizaciones más jóvenes. No debe ignorar ni temer en ningún momento la creciente facilidad y comodidad por la cual el progreso mecánico o social domina al ciudadano y le pone en peligro de distanciarle de su propia naturaleza. Si esa civilización no le da generosamente, y de acuerdo con su espíritu, las ventajas de la vida de que disfrutan los demás, hará con ello trampas que lo separarán de sí mismo y de ella a partir del momento en que sospeche que existen. A partir del momento en que tome consciencia de los privilegios concedidos a los demás —con la ayuda del abecedario del diablo, y me refiero a la publicidad y sus cartelones que, a menudo, no son sino la legalización del paso a territorio nacional de los objetos coloniales sospechosos, y también con la ayuda de ese instinto que asigna al ser humano la necesidad de los recursos más recientemente descubiertos—, no atribuirá ya su carencia a un retraso: la atribuirá a una incapacidad. Aunque él mismo sea inventor y tramposo, se sentirá de repente limitado. Si lleva una existencia acomodada, se sentirá disminuido. En fin de cuentas, el malestar que le producirá comparar los hábitos de su país con los de países mejor preparados para la época, se resolverá en una sensación de decadencia. Se verá conducido poco a poco, ante esos beneficiarios de una vida cuya cotización se eleva, al talante a la vez burlón y de renuncia de un ciudadano cuya moneda se deprecia. De hecho es un decaído. Se halla privado de los elementos que constituyen su dignidad, es decir, de una salud, de una facilidad de idas y venidas y de unas condiciones de trabajo y de esparcimiento comparables a las de los demás. Cada mañana parte a su tarea con una pesada sobrecarga adicional. Y regresa por la noche con fatigas, retrasos y preocupaciones inútiles. Esa desecación progresiva de la satisfacción cotidiana, esa adaptación a las condiciones de una mediocridad carente de compensación, y los compromisos del cuerpo y del espíritu que impone, hacen que su espíritu se incline a ignorar sus propias cualidades, sus propias curiosidades; hacen que se incline a sustituir el sentimiento de respeto y gratitud que le inspiraba su patria por una especie de familiar complicidad. A partir de ese momento queda ya planteada la cuestión de la muerte de su civilización. Por tomar un ejemplo del país en que la Carta de Atenas sale a la luz, es en este punto, y solamente en él, donde se plantea la cuestión de la nuestra. Sería falso atribuir a un vicio general esa impresión de falta de méritos que experimentó el pueblo francés en 1940. Se trata simplemente de que este pueblo ha comprendido en bloque lo que algunos franceses barruntaban ya, individualmente, desde hacía mucho. El pueblo advertía que a consecuencia de errores, por lo demás imperdonables, ya no era exactamente contemporáneo de los acontecimientos. Su vista, respecto de ellos, padecía de una dioptría miope, de una línea présbita. Seguía conservando sus dones, su humor, su trabajo; pero su retraso o su pereza para adaptar el país a la vida moderna no le habían permitido adquirir en las últimas décadas esa juventud que el transcurso de cada año humano aporta a la edad del mundo. De ahí una derrota que todavía no ha sabido situar en la realidad. De ahí una revolución que posee epítetos, pero que carece de fecha. Mucho más que su razón, lo que Francia busca es su época. Ha creído resolver el problema volviendo a partir de su juventud, pero la juventud de un país es joven o vieja según la edad de éste. Un cirujano de la vista, y acaso la solución no hubiera estado muy lejos; y tal vez hubieran sido innecesarios los cirujanos del corazón y del hígado.

Devolver el honor a la propia época, por lo demás, no es cosa que pueda hacerse con reticencias. Y aquí es donde se engañan los dirigentes semi-ilustrados que ven en la ordenación moderna y global de un pueblo un peligro para sus virtudes propias, y que sólo la aceptan con concesiones espaciadas y reticentes. Es más bien este sistema de reparación parcial y embrollada lo que engendra el peligro de viciar su carácter original o adquirido. Toda restricción introducida en la atribución al ciudadano de sus derechos urbanos y del beneficio de éstos, determina un estado de desigualdad que tiende, justamente, a producir la disgregación del cuerpo del país y a arruinar sus funciones generales. La coexistencia en la misma ciudad, y en la misma vida, de ciudadanos equipados unos para la lucha moderna y otros inermes, sólo puede provocar diferencias de talante, de costumbres y de gustos; es decir, finalmente, de condición y de honor. El mal será tanto más irremediable cuanto más penetre en el corazón de cada clase; el esplendor de la época y su sordidez alcanzarán indiferentemente, según el capricho o la rutina de los municipios, al obrero y al burgués. Habrá una zona sórdida del trabajo y del pensamiento, una zona esplendorosa, y, al mismo nivel, se codearán seres opacos y seres luminosos en un lamentable protocolo humano y nacional. El honor del país ya no es un bien y una gloria indivisa. Está reservado no ya siquiera a una casta, o a un Estado dentro del Estado, sino a aquellos a quienes el azar ha situado en las tareas más brillantes. Con la audacia ocurre lo mismo que con el honor. Los individuos audaces

17

pueden abundar, pero la audacia general del país
mengua; y con el pretexto de hacer que los derechos y las preocupaciones cívicas pasen por de-
lante de los derechos urbanos, se crea la peor de
las desigualdades: la desigualdad de la dignidad
humana. El propio campesino quedará poco a
poco demasiado impregnado por el efluvio del siglo para que basten para protegerle las reglas
de la naturaleza. La Carta de Atenas convierte el
reconocimiento de esta verdad en el principio de
toda acción de estado dirigida no ya por un admi-
nistrador sino por un jefe. Aunque al individuo
le resulta imposible compensar, con energía y
suerte, la mediocridad del comienzo, cuando se
trata de un pueblo es indispensable que éste se
lance, con toda su masa y con toda su fuerza, en
esa aventura entre historia y leyenda, entre sol
y hielo, entre metal y onda, entre trabajo y juego, entre necesidad y fantasía en que puede convertirse su vida en el umbral de esta era nueva.

JEAN GIRAUDOUX

PRIMERA PARTE
GENERALIDADES

LA CIUDAD Y SU REGIÓN

1

La ciudad no es más que una parte del conjunto económico, social y político que constituye la región.

La unidad administrativa raramente coincide con la unidad geográfica, esto es, con la región. La delimitación territorial administrativa de las ciudades fue arbitraria desde el principio o ha pasado a serlo posteriormente, cuando la aglomeración principal, a consecuencia de su crecimiento, ha llegado a alcanzar a otros municipios, englobándolos a continuación, dentro de sí misma. Esta delimitación artificial se opone a una buena administración del nuevo conjunto. Pues, efectivamente, algunos municipios suburbanos han adquirido inesperadamente un valor, positivo o negativo, imprevisible, ya sea por convertirse en barrios residenciales de lujo, ya por instalarse en ellos centros industriales intensos, ya por reunir a poblaciones obreras miserables. Los límites administrativos que compartimentan el complejo urbano se convierten entonces en algo paralizador. Una aglomeración constituye el núcleo vital de una extensión geográfica cuyo límite está constituido únicamente por la zona de influencia de otra aglomeración. Sus condiciones vitales están determinadas por las vías de comunicación que permiten realizar los necesarios intercambios y que la vinculan íntimamente a su zona particular. No se puede considerar un problema urbanístico más que remitiéndose constantemente a los elementos constitutivos de la región y principalmente a su geografía, que está llamada a desempeñar en esta cuestión un papel determinante: las divisorias de aguas y los montes vecinos dibujan un contorno natural que confirman las vías de circulación inscritas naturalmente en el suelo. No es posible emprender acción alguna si no se ajusta al destino armonioso de la región. El plan de la ciudad no es más que uno de los elementos de este todo que constituye el plan regional.

2

Yuxtapuestos a lo económico, a lo social y a lo político, los valores de orden psicológico y fisiológico ligados a la persona humana introducen en el debate preocupaciones de orden individual y de orden colectivo. La vida solamente se despliega en la medida en que concuerdan los dos principios contradictorios que rigen la personalidad humana: el individual y el colectivo.

Aislado, el hombre se siente desarmado; por eso se vincula espontáneamente a un grupo. Abandonado a sus propias fuerzas, sólo construiría su choza y llevaría, en la inseguridad, una vida de peligros y fatigas agravados por todas las angustias de la soledad. Incorporado al grupo, siente pesar sobre él la coerción de una disciplina inevitable, pero en cambio se encuentra seguro, en cierta medida frente a la violencia, la enfermedad y el hambre; puede pensar en mejorar su casa y también satisfacer su profunda necesidad de vida social. El hombre, convertido en elemento constituyente de una sociedad que le sostiene, colabora directa o indirectamente en las mil empresas que aseguran su vida física y desarrollan su vida espiritual. Sus iniciativas se tornan más fecundas, y su libertad, mejor defendida, sólo se detiene donde podría amenazar a la de otro. Si las empresas del grupo son acertadas, la vida del individuo se ensancha y se ennoblece por ello. Pero si predominan la pereza, la necedad y el egoísmo, el grupo, presa de anemia y de desorden, sólo proporciona rivalidades, odio y desencanto a cada uno de sus miembros. Un plan es acertado cuando permite una colaboración fecunda procurando el máximo de libertad individual. Resplandor de la persona en el marco del civismo.

3

Estas constantes psicológicas y biológicas experimentarán la influencia del medio: situación geográfica y topográfica, situación económica, y situación política. En primer lugar, la situación geográfica y topográfica,

la índole de los elementos, agua y tierra, la
naturaleza, el suelo, el clima...

La geografía y la topografía desempeñan
un papel de considerable importancia en el
destino de los hombres. No hay que olvidar
jamás que el sol domina, imponiendo su ley,
todo empeño que tenga por objeto la salva-
guarda del ser humano. Llanuras, colinas y
montañas contribuyen también a modelar
una sensibilidad y a determinar una menta-
lidad. Si el montañés desciende gustoso hacia la llanura, el hombre del llano rara vez
remonta los valles y difícilmente cruza los
collados. Son las crestas de los montes las
que han delimitado las zonas de agrupamiento, donde, poco a poco, reunidos por
costumbres y usos comunes, unos hombres
se han constituido en poblaciones. La proporción de los elementos tierra y agua, ya
sea que actúe en superficie, contraponiendo
las regiones lacustres o fluviales a las exten-
siones de estepas, ya sea que se exprese en
espesura, dando aquí pastos grasos y allá lan-
das o desiertos, modela, a su vez, unas acti-
tudes mentales que quedarán inscritas en
las empresas y hallarán expresión en la casa, en el pueblo o en la ciudad. Según la in-
cidencia del sol sobre la curva meridiana,

las estaciones se empujan brutalmente o se suceden en una transición imperceptible, y aunque la Tierra, en su continua redondez, de parcela en parcela, ignora las rupturas, surgen innumerables combinaciones, cada una de las cuales tiene sus particulares caracteres. Por último, las razas, con sus variadas religiones o filosofías, multiplican la diversidad de las empresas humanas, proponiendo cada una de ellas su personal manera de ver y su personal razón de vivir.

4

En segundo lugar, la situación económica. Los recursos de la región, contactos naturales o artificiales con el exterior...

La situación económica, riqueza o pobreza, es uno de los grandes resortes de la vida, y determina el movimiento hacia el progreso o hacia la regresión. Desempeña el papel de un motor que, según la fuerza de sus pulsaciones, introduce la prodigalidad, aconseja la prudencia o impone la sobriedad; la situación económica condiciona las variaciones que dibujan la historia del pueblo, de la ciudad o del país. La ciudad circundada por una región cubierta de cultivos tiene el avituallamiento asegurado. La que dispone de un subsuelo precioso se enriquece con materias que podrán servirle de moneda de cambio, sobre todo si está dotada de una red de circulación suficientemente abundante que le permita entrar en contacto útil con sus vecinos, próximos o lejanos. Aunque la tensión del resorte económico depende en parte de circunstancias invariables, puede ser modificada a cada instante por la aparición de fuerzas imprevistas, a las cuales el azar o la iniciativa humana pueden convertir en productivas o dejar que sean inoperantes. Ni las riquezas latentes, que es necesario querer explotar, ni la energía individual, tienen un carácter absoluto. Todo es ovimiento, y lo económico, en fin de cuentas, no es más que un valor momentáneo.

5

En tercer lugar, la situación política; sistema administrativo.

Es éste un fenómeno más variable que cualquier otro; es signo de la vitalidad del país, expresión de una sabiduría que alcanza su apogeo o que llega a la decadencia... Si la política es por naturaleza esencialmente móvil, su fruto, el sistema administrativo, posee, en cambio, una estabilidad natural que le permite una permanencia en el tiempo más dilatada y que no se presta a modificaciones excesivamente frecuentes. Siendo expresión de la política móvil, su perduración queda, en cambio, asegurada por su propia naturaleza y por la fuerza misma de las cosas. Se trata de un sistema que, dentro de límites bastante poco flexibles, rige uniformemente el territorio y la sociedad, les impone sus reglamentaciones y, al actuar regularmente sobre todas las palancas de mando, determina modalidades de acción uniformes en el conjunto del país. Este mar-

co, económico y político, aun en el caso de
que su valor haya sido confirmado por el
uso durante algún tiempo, puede ser alte-
rado en cualquier momento, ya sea en una
de sus partes o en su conjunto. A veces, basta un descubrimiento científico para suscitar la ruptura del equilibrio, para hacer que
se manifieste el desacuerdo entre el sistema
administrativo de ayer y las imperiosas realidades de hoy. A veces ocurre que algunas
comunidades, que han sabido renovar su
marco particular, resultan ahogadas por
el marco general del país. Este último, por
su parte, puede experimentar directamente
el asalto de las grandes corrientes mundia-
les. Ningún marco administrativo puede as-
pirar a la inmutabilidad.

6

*Ciertas circunstancias particulares han de-
terminado los caracteres de la ciudad a lo
largo de la historia: la defensa militar, los
descubrimientos científicos, las sucesivas
administraciones, el desarrollo progresivo
de las comunicaciones y de los medios de*

transporte (rutas terrestres, fluviales o marítimas, ferrocarriles y rutas aéreas).

La historia se halla inscrita en los trazados y en las arquitecturas de las ciudades. Lo que subsiste de los primeros constituye el hilo conductor que, junto con los textos y documentos gráficos, permite representar las sucesivas imágenes del pasado. Los móviles que dieron nacimiento a las ciudades fueron de diversa naturaleza. A veces era el valor defensivo. Y la cumbre de un peñasco o el meandro de un río contemplaban el nacimiento de un burgo fortificado. A veces era el cruce de dos caminos lo que determinaba el emplazamiento de la primera fundación. La forma de la ciudad era incierta, casi siempre de perímetro circular o semicírculo. Cuando se trataba de una villa de colonización, se organizaba como un campamento, según unos ejes que se cortaban formando ángulo recto, y estaba rodeada de empalizadas rectilíneas. En ella todo se ordenaba según la proporción, la jerarquía y la conveniencia. Los caminos se alejaban de las puertas del recinto y seguían oblicuamente hacia objetivos lejanos. En el dibujo de las ciudades se advierte todavía el primer núcleo apretado del burgo, los sucesivos cinturones y el trazado de caminos divergentes. Allí se apretujaban los hombres, que encontraban, según su grado de civilización, una dosis variable de bienestar. En un lugar, unas reglas profundamente humanas dictaban la elección de los dispositivos; en otro, coerciones arbitrarias daban a luz flagrantes injusticias. Llegó la hora del maquinismo. A una medida milenaria que hubiera podido creerse inmutable, la velocidad del paso humano, vino a añadirse otra medida, en plena evolución: la velocidad de los vehículos mecánicos.

7

Las razones que presiden el desarrollo de las ciudades están, pues, sometidas a cambios continuos.

Crecimiento o decrecimiento de una población, prosperidad o decadencia de la ciudad, rotura de recintos que resultaban ya sofocantes, nuevos medios de comunicación que ampliaban la zona de intercambios, beneficios o desgracias de la política adopta-

da o de aquella cuyas consecuencias se pa-
decen, aparición del maquinismo, todo ello
no es más que movimiento. A medida que
pasa el tiempo, en el patrimonio del grupo,
sea éste una ciudad, un país o la humanidad
entera, se van inscribiendo nuevos valores;
con todo, la vejez alcanza un día a todo
conjunto de construcciones o de caminos.
La muerte no sólo les llega a los seres vivos,
sino también a sus obras. ¿Quién decidirá
lo que debe subsistir y lo que ha de de-
saparecer? El espíritu de la ciudad se ha
formado en el curso de los años; simples
edificaciones han cobrado un valor eterno
en la medida en que simbolizan el alma colectiva; son la osamenta de una tradición
que, sin pretender limitar la amplitud de
los progresos futuros, condiciona la formación del individuo tanto como el clima, la
comarca, la raza o la costumbre. La ciudad,
por ser una «patria chica», lleva en sí un valor moral que pesa y que se halla indisolublemente unido a ella.

8

*El advenimiento de la era del maquinismo
ha provocado inmensas perturbaciones en
el comportamiento de los hombres, en su
distribución sobre la tierra y en sus actividades mismas; movimiento irrefrenado de
concentración en las ciudades al amparo de
las velocidades mecánicas; evolución brutal y universal sin precedentes en la historia. El caos ha hecho su entrada en las ciudades.*

El empleo de la máquina ha transformado por completo las condiciones del trabajo. Ha roto un equilibrio milenario asestan-
do un golpe mortal al artesanado, vaciando
los campos, engrosando las ciudades y, al
echar a perder armonías seculares, pertur-
bando las relaciones naturales que existían
entre el hogar y los lugares de trabajo. Un
ritmo furioso, unido a una desalentadora
precariedad, desorganiza las condiciones de
la vida al oponerse a la conformidad de las
necesidades fundamentales. Las viviendas

abrigan mal a las familias, corrompen su
vida íntima; y el desconocimiento de las
necesidades vitales, tanto físicas como morales, da fruto envenenado: enfermedad, decadencia, rebelión. El mal es universal; se
expresa, en las ciudades, por un hacinamien-
to que las hace presa del desorden, y, en el
campo, por el abandono de numerosas tie-
rras.

SEGUNDA PARTE

ESTADO ACTUAL DE LAS CIUDADES. CRÍTICAS Y REMEDIOS

HABITACIÓN

OBSERVACIONES

9

En el interior del núcleo histórico de las ciudades, así como en determinadas zonas de expansión industrial del siglo XIX, la población es demasiado densa (se llega a sumar hasta mil e incluso mil quinientos habitantes por hectárea).

La densidad, relación entre las cifras de la población y la superficie que ésta ocupa, puede modificarse totalmente por la altura de las edificaciones. Hasta el presente, sin embargo, la técnica de la construcción había limitado la altura de las casas aproximadamente a los seis pisos. La densidad admisible para las construcciones de esta naturaleza es de 250 a 300 habitantes por hectárea. Cuando esta densidad alcanza, como ocurre en numerosos barrios, 600, 800 e incluso 1.000 habitantes, entonces se trata de tugurios, caracterizados por los siguientes signos: 1. Insuficiencia de la superficie habitable por persona; 2. Mediocridad de las aperturas al exterior; 3. Falta de sol (orientación al norte o consecuencias de la sombra que cae en la calle o en el patio); 4. Vetustez y presencia permanente de gérmenes mórbidos (tuberculosis); 5. Ausensia o insuficiencia de instalaciones sanitarias; 6. Promiscuidad debida a la disposición interior de la vivienda, a la mala ordenación del inmueble o a la presencia de vecindades molestas. El núcleo de las ciudades antiguas, bajo la coerción de los cinturones militares, generalmente estaba lleno de construcciones apretadas y privado de espacio. En compensación, con todo, pasada la puerta del recinto, eran inmediatamente accesibles los espacios verdes que daban lugar, cerca, a un aire de calidad. En el curso de los siglos, se añadieron anillos urbanos, sustituyendo la vegetación por la piedra y destruyendo las superficies verdes, los pulmones de la ciudad. En estas condiciones, las grandes densidades de población significan el malestar y la enfermedad permanentes.

10

En los sectores urbanos congestionados, las condiciones de habitabilidad son nefastas por falta de espacio suficiente para el alojamiento, por falta de superficies verdes disponibles y, finalmente, por falta de cuidados de mantenimiento para las edificaciones (explotación basada en la especulación). Estado de cosas agravado todavía más por la presencia de una población con nivel de vida muy bajo, incapaz de adoptar por sí misma medidas defensivas (la mortalidad llega a alcanzar el veinte por ciento).

Lo que constituye el tugurio es el estado interior de la vivienda, pero la miseria de ésta se prolonga en el exterior por la estrechez de las calles sombrías y la carencia total de espacios verdes, creadores de oxígeno, que tan propicios serían para el recreo de los niños. Los gastos empleados en una construcción erigida hace siglos han sido amortizados desde hace mucho tiempo; sin embargo, sigue tolerándose que quien la explota pueda considerarla aún, en forma de vivienda, como una mercancía negociable. Aunque su valor de habitabilidad sea nulo, sigue proporcionando, impunemente y a expensas de la especie, una renta importante. Un carnicero que vendiera carne corrompida sería condenado, pero el código permite imponer alojamientos corrompidos a las poblaciones pobres. En aras al enriquecimiento de unos cuantos egoístas, se tolera que una mortalidad pavorosa y toda clase de enfermedades hagan pesar sobre la colectividad una carga aplastante.

11

El crecimiento de la ciudad devora progresivamente las superficies verdes, limítrofes de sus sucesivas periferias. Este alejamiento cada vez mayor de los elementos naturales aumenta en igual medida el desorden de la higiene.

Cuanto más crece la ciudad, menos se respetan las «condiciones naturales». Por «condiciones naturales» se entiende la presencia, en proporción suficiente, de ciertos elementos indispensables para los seres vivos: sol, espacio, vegetación. Un ensanchamiento incontrolado ha privado a las ciudades de estos alimentos fundamentales de orden tanto psicológico como fisiológico. El individuo que pierde contacto con la naturaleza sufre un menoscabo y paga muy caro, con la enfermedad y la decrepitud, una ruptura que debilita su cuerpo y arruina su sensibilidad, corrompida por las alegrías ilusorias de la urbe. En tal orden de ideas, en el curso de los últimos cien años se ha colmado la medida, y no es éste el menor de los males que afligen al mundo en la actualidad.

12

Las construcciones destinadas a viviendas se hallan repartidas por la superficie de la ciudad, en contradicción con las necesidades de la higiene.

El primer deber del urbanismo es el de adecuarse a las necesidades fundamentales de los hombres. La salud de cada uno depende, en gran parte, de su sumisión a las «condiciones naturales». El sol, que preside todo proceso de crecimiento, debería penetrar en el interior de cada vivienda para esparcir en ella sus rayos, sin los cuales la vida se marchita. El aire, cuya calidad asegura la presencia de vegetación, debería ser puro, liberado de los gases nocivos y del polvo suspendidos en él. Habría, por último, que distribuir con largueza el espacio. No hay que olvidar que la sensación de espacio es de orden psicofisiológico, y que la estrechez de las calles o la estrangulación de las avenidas crean una atmósfera que es tan malsana para el cuerpo como deprimente para el espíritu. El IV Congreso CIAM, celebrado en Atenas, ha hecho suyo el postulado siguiente: el sol, la vegetación y el espacio son las tres materias primas del urbanismo. La adhesión a este postulado permite juzgar las cosas existentes y apreciar las proposiciones nuevas desde un punto de vista verdaderamente humano.

13

Los barrios más densos se hallan en las zonas menos favorecidas (vertientes mal orientadas, sectores invadidos por neblinas o gases industriales, accesibles a las inundaciones, etc.).

Todavía no se ha promulgado legislación alguna para fijar las condiciones de la habitación moderna, condiciones que no solamente deben garantizar la protección de la persona humana sino incluso darle los medios para un perfeccionamiento creciente. Así, el suelo de las ciudades, los barrios de viviendas, los alojamientos se distribuyen, según la ocasión, al azar de los intereses más inesperados y, a veces, más bajos. Un geómetra municipal no vacilará en trazar una calle que privará de sol a millares de viviendas. Ciertos ediles, por desgracia, considerarán natural asignar para la edificación de un barrio obrero una zona descuidada hasta entonces por invadirla las nieblas, porque la humedad es excesiva allí o porque pululan los mosquitos... Se estimará que una vertiente norte, que jamás ha atraído a nadie a causa de su orientación, o que un terreno envenenado por el hollín, la carbonilla o los gases nocivos de una industria, ruidosa a veces, siempre será bueno para instalar en él a esas poblaciones desarraigadas y sin vínculos sólidos a las que se da el nombre de peonaje.

14

Las construcciones aireadas (viviendas acomodadas) ocupan las zonas favorecidas, al abrigo de vientos hostiles, con vistas seguras y graciosos desahogos sobre perspectivas paisajistas: lago, mar, montes, etc., y con abundante exposición al sol.

Las zonas favorecidas están ocupadas generalmente por las residencias de lujo; así se demuestra que las aspiraciones instintivas del hombre le inducen a buscar, siempre que se lo permiten sus medios, unas condiciones de vida y una calidad de bienestar cuyas raíces se hallan en la naturaleza misma.

15

Esta distribución parcial de la vivienda está sancionada por el uso y por unas disposiciones municipales que se consideran justificadas: zonificación.

La zonificación es la operación que se realiza sobre un plano urbano con el fin de asignar a cada función y a cada individuo su lugar adecuado. Tiene como base la necesaria discriminación de las diversas actividades humanas, que exigen cada una su espacio particular: locales de vivienda, centros industriales o comerciales, salas o terrenos destinados al esparcimiento. Pero si la fuerza de las cosas diferencia la vivienda rica de la vivienda modesta, ningún derecho hay para violar unas reglas que deberían ser sagradas reservando solamente a los favorecidos por la fortuna el beneficio de las condiciones necesarias para una vida sana y ordenada. Es urgente y necesario modificar determinados usos. Hay que hacer accesible a cada uno, fuera de toda cuestión de dinero, un cierto grado de bienestar mediante una legislación implacable. Hay que prohibir para siempre, por medio de una estricta reglamentación urbana, que familias enteras se vean privadas de luz, de aire y de espacio.

16

Las construcciones levantadas a lo largo de las vías de comunicación y en las proximidades de los cruces son perjudiciales para la habitabilidad: ruidos, polvo y gases nocivos.

Si se pretende tener en cuenta esta prohibición, en lo sucesivo deberán asignarse zonas independientes a la habitación y a la circulación. Entonces la casa dejará de estar soldada a la calle a través de la acera. La vivienda se alzará en su propio medio, donde disfrutará de sol, de aire puro y de silencio. La circulación se desdoblará por medio de vías de recorrido lento para uso de los peatones y vías de recorrido rápido para uso de los vehículos. Cada una de estas vías desempeñará su función respectiva, aproximándose a las viviendas sólo ocasionalmente.

17

El tradicional alineamiento de las viviendas al borde de las calles sólo garantiza la exposición al sol a una parte mínima de los alojamientos.

El alineamiento tradicional de los inmuebles a lo largo de las calles implica una disposición obligada del volumen edificado. Las calles paralelas u oblicuas dibujan, al entrecruzarse, superficies cuadradas o rectangulares, trapezoidales o triangulares, de diversa capacidad, las cuales, una vez edificadas, constituyen los «bloques». La necesidad de iluminar el centro de estos bloques da nacimiento a patios interiores de variadas dimensiones. Las reglamentaciones municipales, desgraciadamente, dejan a quienes buscan la ganancia la libertad de limitar estos patios a dimensiones verdaderamente escandalosas. Se llega así al triste resultado siguiente: una fachada de cada cuatro, con vistas a la calle o a un patio, está orientada hacia el norte y no conoce el sol, mientras que las otras tres, a consecuencia de la angostura de las calles, de los patios, y de la sombra que de ellos resulta, están igualmente privadas a medias de él. El análisis revela que, en las ciudades, la proporción de las fachadas no soleadas varía entre la mitad y las tres cuartas partes del total. En ciertos casos esta proporción es más desastrosa todavía.

18

La distribución de las construcciones de uso colectivo dependientes de la vivienda es arbitraria.

La vivienda proporciona abrigo a la familia, función que constituye por sí sola todo un programa y que plantea un problema cuya solución, que en otros tiempos fue a veces feliz, hoy casi siempre se deja al azar. Pero, fuera de la vivienda, y en sus proximidades, la familia reclama, además, la existencia de instituciones colectivas que sean verdaderas prolongaciones suyas. Se trata de centros de avituallamiento, servicios médicos, guarderías, jardines de infancia y escuelas, a los que hay que añadir las organizaciones intelectuales y deportivas destinadas a proporcionar a los adolescentes ocasión de trabajos o de juegos apropiados para satisfacer las aspiraciones particulares de esta edad, y, para completar los «equipamientos de salud», los terrenos apropiados para la cultura física y el deporte cotidiano de cada uno. El carácter beneficioso de estas instituciones colectivas es obvio, pero las masas todavía no advierten claramente su necesidad. Su realización apenas ha sido esbozada, de la manera más fragmentaria y sin vinculación con las necesidades generales de la vivienda.

19

Las escuelas, en particular, se hallan frecuentemente situadas en vías de circulación y demasiado alejadas de las viviendas.

Las escuelas, limitando aquí el juicio a su programa y a su disposición arquitectónica, se hallan, en general, mal situadas en el interior del complejo urbano. Al estar demasiado lejos de la vivienda, ponen al niño en contacto con los peligros de la calle. Por otra parte, casi siempre sólo se dispensa en ellas la instrucción propiamente dicha, y el niño, antes de los seis años, y el adolescente, cumplidos los trece, se ven privados regularmente de las organizaciones pre-escolares o post-escolares que responderían a las más imperiosas necesidades de su edad. El estado actual y la distribución del terreno edificado se prestan mal a las innovaciones mediante las cuales la infancia y la juventud no solamente quedarían al amparo de numerosos peligros, sino que incluso se las colocaría en las únicas condiciones que permiten una formación seria, capaz de garantizar, junto a la instrucción, un pleno desarrollo tanto físico como moral.

20

Los suburbios se ordenan sin plan alguno y sin vinculación normal con la ciudad.

Los suburbios son los descendientes degenerados de los arrabales. El burgo era en otro tiempo una unidad organizada en el interior de un recinto militar. El arrabal, adosado al exterior, construido a lo largo de una vía de acceso, falto de protecciones, era el aliviadero de las poblaciones demasiado numerosas, las cuales debían, de buen grado o por fuerza, adaptarse a su inseguridad. Cuando la creación de un nuevo recinto militar llegaba a encerrar un arrabal en el seno de la ciudad, se dislocaba por vez primera la regla normal de los trazados. La era del maquinismo se caracteriza por el suburbio, terreno sin trazado definido donde se vierten todos los residuos, donde se hacen todas las tentativas, donde a menudo se instala el artesanado más modesto con sus industrias, consideradas provisionales *a priori*, pero algunas de las cuales experimentarán un crecimiento gigantesco. El suburbio es símbolo a la vez del fracaso y del intento. Es una especie de espuma que bate los muros de la ciudad. En el transcurso de los siglos XIX y XX, la espuma se ha convertido primero en marea y después en inundación. Ha comprometido seriamente el destino de la ciudad y sus posibilidades de crecer según una regla. El suburbio, sede de una población indecisa, destinada a sufrir numerosas miserias, caldo de cultivo de la revuelta, con frecuencia es diez o cien veces más extenso que la ciudad. En ese suburbio enfermo, en el que la función distancia-tiempo plantea una difícil cuestión que está por resolver, hay quien trata de hacer ciudades-jardín. Paraísos ilusorios, solución irracional. El suburbio es un error urbanístico, extendido por todo el universo y que en América se ha llevado hasta sus últimas consecuencias. Constituye uno de los peores males de la época.

21

Se ha tratado de incorporar los suburbios en el ámbito administrativo.

¡Demasiado tarde! El suburbio ha sido incorporado tardíamente en el ámbito administrativo. Pues, en toda su amplitud, el código, imprevisor, ha dejado que se establecieran los derechos, por él declarados imprescriptibles, de la propiedad. El detentador de un solar en el que ha surgido una barraca, un cobertizo o un taller sólo puede ser expropiado tras múltiples dificultades. La densidad de la población es muy escasa allí, y el suelo apenas se halla explotado; a pesar de todo, la ciudad está obligada a proporcionar a la extensión de los suburbios los servicios necesarios: carreteras, canalizaciones, medios de comunicación rápidos, alumbrado y limpieza, servicios hospitalarios o escolares, etc. Resulta sorprendente la desproporción entre los gastos ruinosos que tantas obligaciones causan y la escasa contribución que puede aportar a ellos una población dispersa. Cuando interviene la Administración para enderezar lo hecho, tropieza con obstáculos insoportables y se arruina en vano. La Administración debe apoderarse de la gestión del suelo que rodea a la ciudad antes del nacimiento de los suburbios, al objeto de garantizarle los medios necesarios para un desarrollo armonioso.

22

A menudo los suburbios no son más que una aglomeración de barracas donde la indis-

pensable viabilidad resulta difícilmente rentable.

Casitas mal construidas, barracas de planchas, cobertizos en los que se mezclan mejor o peor los más imprevistos materiales, dominio de pobres diablos que agitan los remolinos de una vida sin disciplina : eso es el suburbio. Su fealdad y tristeza es la vergüenza de la ciudad a la que rodea. Su miseria, que obliga a malgastar los caudales públicos sin el contrapeso de unos recursos fiscales suficientes, es una carga aplastante para la colectividad. Los suburbios son la sórdida antecámara de las ciudades ; aferrados a las grandes vías de acceso por sus callejuelas, hacen que la circulación en ellas sea peligrosa ; vistos desde el aire, exhiben a la mirada menos avisada el desorden y la incoherencia de su distribución ; atravesados por el ferrocarril, son una desilusión penosa para el viajero atraído por la reputación de la ciudad.

EXIGENCIAS

23

En lo sucesivo, los barrios de viviendas deben ocupar los mejores emplazamientos en el espacio urbano, aprovechando la topografía, teniendo en cuenta el clima y disponiendo de la insolación más favorable y de los espacios verdes oportunos.

Las ciudades, tal como existen hoy, se construyen en condiciones contrarias al bien público y privado. La historia muestra que su creación y su desarrollo tuvieron razones profundas escalonadas a lo largo del tiempo, y que, en el transcurso de los siglos, no solamente han crecido sino que se han renovado; lo han hecho, además, siempre sobre el mismo suelo. La era de la máquina, al modificar brutalmente ciertas condiciones centenarias, las ha conducido al caos. Nuestra tarea actual consiste en arrancarlas del desorden mediante planes en los que se escalonarán en el tiempo los distintos proyectos. El problema del alojamiento, de la vivienda, tiene la primacía sobre todos los demás. A ello hay que reservar los mejores emplazamientos de la ciudad, y si éstos se han echado a perder por la indiferencia o el ánimo de lucro, hay que poner en acción todo lo que sea necesario para recuperarlos. Varios factores deben concurrir a mejorar la vivienda. Hay que buscar simultáneamente las mejores vistas, el aire más salubre teniendo en cuenta los vientos y las brumas, las vertientes mejor orientadas; por último, hay que utilizar las superficies verdes existentes, crearlas si faltan o reconstruirlas si han sido destruidas.

24

La determinación de las zonas de habitación debe estar dictada por razones de higiene.

Las leyes de la higiene, universalmente reconocidas, elevan una grave requisitoria contra el estado sanitario de las ciudades. Pero no basta con formular un diagnóstico, ni siquiera con descubrir una solución: también es preciso que las autoridades responsables la impongan. En nombre de la salud pública deberían ser condenados barrios enteros. Los unos, fruto de una especulación precoz, sólo merecen la piqueta; otros, a causa de los recuerdos históricos o de los elementos de valor artístico que encierran, deben ser parcialmente respetados; existen medios para salvar lo que merece ser salvado pese a destruir sin piedad cuanto constituye un peligro. No basta con sanear las viviendas: hay que crear y ordenar, además, sus prolongaciones exteriores, los locales de educación física y diversos terrenos deportivos, señalando de antemano en el plan general los emplazamientos que serán reservados para ello.

25

Deben imponerse densidades razonables según las formas de habitación que ofrece la propia naturaleza del terreno.

Las densidades de población de una ciudad deben ser dictadas por las autoridades. Pueden variar según la afectación del suelo urbano y dar, según su número, una ciudad ampliamente extendida o contraída sobre sí misma. Fijar las densidades urbanas es acometer una empresa cargada de consecuencias. Cuando apareció la era de la máquina las ciudades se desarrollaron sin freno ni control. El abandono es la única explicación válida de este crecimiento desmesurado y absolutamente irracional que es una de las causas de su desgracia. Las ciudades, tanto para nacer como para crecer, tienen razones particulares que deben ser estudiadas, llegando a unas previsiones que abarquen cierto espacio de tiempo: cincuenta años, por ejemplo. Podrá operarse así con una determinada cifra de población a la que será preciso darle alojamiento, sabiendo en qué espacio útil; habrá que prever qué relación «tiempo-distancia» le corresponderá cada día; habrá que determinar la superficie y la capacidad necesarias para la realización de este programa de cincuenta años. Cuando se han fijado la cifra de la población y las dimensiones del terreno, queda determinada la «densidad».

26

Debe señalarse un número mínimo de horas de exposición al sol para toda vivienda.

La ciencia, al estudiar las radiaciones solares, ha descubierto que son indispensables para la salud humana y también que, en ciertos casos, podrían ser perjudiciales para ella. El sol es el señor de la vida. La medicina ha demostrado que donde no entra el sol, se instala la tuberculosis; exige situar de nuevo al individuo, en la medida de lo posible, en «condiciones naturales». En toda vivienda debe penetrar el sol unas horas al día, incluso durante la estación menos favorecida. La sociedad no tolerará que familias enteras se vean privadas de sol y condenadas por ello a languidecer. Todo plano de edificio en el que una sola vivienda se halle orientada exclusivamente hacia el norte, o privada de sol por las sombras proyectadas sobre ella, será rigurosamente condenado. Hay que exigir de los constructores un plano que demuestre que durante el solsticio de invierno el sol penetra en todas las viviendas dos horas diarias como mínimo. Sin esto, se negará la licencia de construcción. Introducir el sol es el nuevo y más imperioso deber del arquitecto.

27

Debe prohibirse la alineación de las viviendas a lo largo de las vías de comunicación.

Las vías de comunicación, es decir, las calles de nuestras ciudades, tienen distintos fines. Soportan las más distintas cargas y deben servir tanto a la marcha de los peatones como al tránsito, entrecortado por detenciones intermitentes, de vehículos rápidos de transporte colectivo, autobuses o tranvías, o al tráfico más rápido aún de los camiones o de los automóviles particulares. Las aceras, creadas en la época de los caballos y sólo tras la introducción de las carrozas, para evitar los atropellos, son un remedio irrisorio a partir del momento en que las velocidades mecánicas han introducido en las calles una auténtica amenaza de muerte. La ciudad actual abre las innumerables puertas de sus casas sobre esta amenaza y sus innumerables ventanas a los ruidos, al polvo y a los gases nocivos que son el producto de una circulación mecánica intensa. Semejante estado de cosas exige una modificación radical: hay que separar la velocidad del peatón, de 4 km por hora, y las velocidades mecánicas, de 50 a 100 km por hora. Las viviendas serán alejadas de las velocidades mecánicas, canalizándose éstas por un cauce particular mientras que el peatón dispondrá de caminos directos o de paseos reservados para él.

28

Deben tenerse en cuenta los recursos de las técnicas modernas para alzar construcciones elevadas.

Cada época ha empleado para sus construcciones la técnica que le dictaban sus recursos particulares. Hasta el siglo XIX, el arte de construir casas sólo conocía las paredes maestras de piedras, ladrillos o tabiques de madera, y los techos constituidos por vigas de madera. En el siglo XIX, un período intermedio utilizó los perfiles metálicos, finalmente llegaron, en el siglo XX, unas construcciones homogéneas, de acero o de cemento armado. Con anterioridad a esta innovación, totalmente revolucionaria en la historia de la edificación de las casas, los constructores no podían levantar un inmueble por encima de los seis pisos. En la actualidad ya no se hallan tan limitados. Las construcciones alcanzan los sesenta y cinco pisos o más. Falta determinar, mediante un examen serio de los problemas urbanos, la altura más conveniente para cada caso particular. En lo que respecta a la vivienda, las razones que postulan en favor de determinada decisión son: la elección de la vista más agradable, la búsqueda del aire más puro y de la más completa exposición al sol, y, por último, la posibilidad de crear, en las proximidades inmediatas de la vivienda, las instalaciones colectivas, los locales escolares, los centros asistenciales y los terrenos de juego que serán las prolongaciones de aquélla. Solamente unas construcciones de una cierta altura pueden dar feliz satisfacción a estas legítimas exigencias.

29

Las construcciones altas, situadas a gran distancia unas de otras, deben liberar el suelo en favor de grandes superficies verdes.

Pero es necesario además que esas edificaciones estén situadas a grandes distancias las unas de las otras, pues de otro modo su altura, lejos de constituir una mejora, no haría más que agravar el malestar existente; ése es el gran error cometido en las ciudades de las dos Américas. La construcción de una ciudad no puede abandonarse sin programa a la iniciativa privada. La densidad de su población debe ser lo suficientemente alta para dar validez a la disposición de instalaciones colectivas que sean una prolongación de las viviendas. Fijada esta densidad, se admitirá una cifra de la población presunta que permita calcular la superficie reservada a la ciudad. Decidir acerca del modo en que se efectuará la ocupación del suelo, establecer la relación entre la superficie edificada y los espacios li-

bres o con plantas, repartir el terreno necesario tanto para los alojamientos particulares como para sus diversas prolongaciones,
asignar a la ciudad una superficie que no
podrá ser superada durante un período de-
terminado, todo ello constituye esa grave
operación que queda en manos de la autoridad : la promulgación del «estatuto del suelo». De este modo, en adelante la ciudad se
construirá con toda la seguridad, dejándo-
se, dentro de los límites de las reglas fija-
das por ese estatuto, libertad completa a la
iniciativa particular y a la imaginación del
artista.

ESPARCIMIENTO

OBSERVACIONES

30

Las superficies libres son, en general, insuficientes.

En el interior de algunas ciudades existen todavía superficies libres. Son lo que ha sobrevivido, milagrosamente en nuestra época, de las reservas constituidas en el curso del pasado: parques que rodean moradas señoriales, jardines contiguos a mansiones burguesas, paseos sombreados que ocupan el emplazamiento de un cinturón militar desmantelado. Los dos últimos siglos han devorado con ferocidad estas reservas, auténticos pulmones de la ciudad, cubriéndolos de inmuebles y sustituyendo el césped y los árboles por obras de albañilería. En otro tiempo, los espacios libres no tenían más razón de ser que el solaz de unos cuantos privilegiados. No había aparecido todavía el punto de vista social que hoy da nuevo sentido a su destino. Los espacios libres pueden ser la prolongación directa o indirecta de las viviendas; directa, si rodean a la residencia misma; indirecta si están concentrados en grandes superficies menos inmediatamente próximas. En ambos casos, su destino será el mismo: ser la sede de las actividades colectivas de la juventud y proporcionar un terreno favorable para las distracciones, los paseos o los juegos de las horas de descanso.

31

Cuando las superficies libres tienen suficiente extensión, a menudo están mal distribuidas y resultan, por ello, poco útiles para la masa de los habitantes.

Cuando las ciudades modernas cuentan con superficies libres de suficiente extensión, éstas se hallan emplazadas en la periferia o en el centro de una zona residencial particularmente lujosa. En el primer caso, alejadas de los lugares de residencia popular, los ciudadanos sólo podrán servirse de ellas los domingos y no tendrán influencia alguna sobre la vida cotidiana, la cual continuará desarrollándose en condiciones lastimosas. En el segundo, quedarán prohibidas de hecho para la multitud, al reducirse su función a la de embellecimiento y sin desempeñar su papel de prolongaciones útiles de la vivienda. Sea como fuere, en este caso, el grave problema de la higiene popular queda sin mejora alguna.

32

La ubicación periférica de las superficies libres no se presta al mejoramiento de las condiciones de habitabilidad en las zonas urbanas congestionadas.

El urbanismo está llamado a concebir las reglas necesarias que garanticen a los ciudadanos más condiciones de vida que salvaguarden no solamente su salud física sino incluso su salud moral, y que preserven la alegría de vivir que se deriva de ello. Las horas de trabajo, tan a menudo agotadoras en términos musculares o nerviosos, deben ir seguidas, diariamente, de un número suficiente de horas libres. Estas horas libres, que el maquinismo aumentará infaliblemente, se dedicarán a un reconfortante descanso en medio de elementos naturales. El mantenimiento o la creación de espacios libres son, pues, una necesidad, y constituyen un problema de salud pública para la especie. Es éste un tema que forma parte integrante de los datos del urbanismo, y al que los ediles deberían estar obligados a prestar toda su atención. La justa proporción entre los volúmenes edificados y los espacios libres es la fórmula que, por sí sola, resuelve el problema de la residencia.

33

Las raras instalaciones deportivas, en general, a fin de emplazarlas en las proximidades de los usuarios, estaban instaladas provisionalmente en terrenos destinados a futuros barrios de viviendas o industriales. Precariedad y trastornos incesantes.

Algunas asociaciones deportivas, deseosas de utilizar sus períodos semanales de descanso, han encontrado un abrigo provisional en la periferia de las ciudades; su existencia, sin embargo, no reconocida oficialmente, es en general de lo más precario. Cabe clasificar las horas libres o períodos de esparcimiento en tres categorías: diarias, semanales o anuales. Es preciso que las horas libres cotidianas transcurran en las proximidades de la vivienda. Las horas semanales libres permiten las salidas de la ciudad y los desplazamientos regionales. Las horas libres anuales, es decir, las vacaciones, permiten auténticos viajes, fuera de la ciudad y de la región. El problema, así expuesto, implica la creación de reservas verdes: 1) en torno a la vivienda; 2) en la región; 3) en el país.

34

Los terrenos que podrían ser destinados a las horas libres semanales se hallan a menudo mal comunicados con la ciudad.

Una vez escogidos los emplazamientos situados en los alrededores inmediatos de la ciudad apropiados para convertirse en centros útiles del tiempo libre semanal, se plantea el problema de los transportes en masa. Es preciso considerar este problema a partir del momento en que se esboza el plan regional; implica el estudio de los diversos medios posibles de comunicación: carreteras, ferrocarriles o vías fluviales.

EXIGENCIAS

35

En lo sucesivo, todo barrio residencial debe contar con la superficie verde necesaria para la ordenación racional de los juegos y deportes de los niños, de los adolescentes y de los adultos.

Esta decisión sólo surtirá efecto si la sostiene una auténtica legislación: el «estatuto del suelo». Este estatuto deberá poseer la diversidad correspondiente a las necesidades que hay que satisfacer. Así, la densidad de la población, o la relación entre la superficie libre y la superficie edificada, podrán variar según las funciones, el lugar y el clima. Los volúmenes edificados estarán íntimamente amalgamados a las superficies verdes que habrán de rodearlos. Las zonas edificadas y las zonas plantadas se distribuirán teniendo en cuenta que medie un período de tiempo razonable para ir de unas a otras. De cualquier modo, el trazado urbano deberá cambiar de textura: las aglomeraciones tenderán a convertirse en ciudades verdes. Contrariamente a lo que ocurre en las ciudades-jardín, las superficies verdes no estarán compartimentadas en pequeños elementos de uso privado, sino que se consagrarán al desarrollo de las diversas actividades comunes que forman la prolongación de la vivienda. Los cultivos hortícolas, cuya utilidad constituye de hecho el principal argumento en favor de las ciudades-jardín, muy bien podrán tomarse en consideración; a ellos estará destinado cierto porcentaje del suelo disponible, dividido en múltiples parcelas individuales; algunas instalaciones colectivas, sin embargo, como la labranza eventual y el riego, podrán aliviar las fatigas y acrecentar el rendimiento.

36

Los islotes insalubres deben ser demolidos y sustituidos por superficies verdes: con ello, los barrios limítrofes resultarán saneados.

Un conocimiento elemental de las principales nociones de la higiene basta para discernir los tugurios y discriminar los islotes claramente insalubres. Estos islotes deberán ser demolidos. Habrá que aprovechar esta circunstancia para sustituirlos por parques, que serán, al menos para los barrios colindantes, el primer paso hacia el camino del saneamiento. Con todo, pudiera ocurrir que alguno de estos islotes ocupara un emplazamiento adecuado para la construcción de determinadas edificaciones indispensables para la vida de la ciudad. En este caso, un urbanismo inteligente sabrá darles el destino que el plan general de la región y el de la ciudad hayan considerado de antemano como el más útil.

37

Las nuevas superficies verdes deben asignarse a fines claramente definidos: deben contener parques infantiles, escuelas, centros juveniles o construcciones de uso comunitario, vinculado íntimamente a la vivienda.

Las superficies verdes, que habrán sido íntimamente amalgamadas a los volúmenes edificados y que estarán insertadas en los sectores residenciales, no tendrán como única función el embellecimiento de la ciudad. Deberán desempeñar ante todo un papel útil, y lo que ocupará el césped serán instalaciones de uso colectivo: guarderías, organizaciones pre-escolares o post-escolares, círculos juveniles, centros de solaz intelectual o de cultura física, salas de lectura o de juegos, pistas de carreras o piscinas al aire libre. Serán la prolongación de la vivienda y, como tales, deberán quedar sometidas al «estatuto del suelo».

38

Las horas libres semanales deben pasarse en lugares favorablemente preparados: parques, bosques, terrenos deportivos, estadios, playas, etc.

Todavía no se ha previsto nada o casi nada para el tiempo libre semanal. En la región que rodea a la ciudad se reservarán amplios espacios, que serán arreglados y cuyo acceso se facilitará con medios de transporte suficientemente abundantes y cómodos. Aquí no se trata ya de simples céspedes, más o menos arbolados, en torno a la casa, sino de auténticas praderas, de bosques, de playas naturales o artificiales que constituyan una reserva inmensa, cuidadosamente protegida, que ofrecerá al habitante de la ciudad mil ocasiones de actividad sana o de útil esparcimiento. Cada ciudad posee en su periferia lugares capaces de responder a este programa, los cuales, mediante una organización bien estudiada de los medios de comunicación, pasarán a ser fácilmente accesibles.

39

Parques, terrenos deportivos, estadios, playas, etc.

Debe fijarse un programa de distracciones en el que quepa toda clase de actividades: el paseo, solitario o en común, disfrutando de la belleza de los parajes; los deportes de todas clases: tenis, baloncesto, fútbol, natación, atletismo; los espectáculos de diversión, los conciertos, el teatro al aire libre, los juegos atléticos y las diversas competiciones. Finalmente, se preverá la existencia de determinadas instalaciones: medios de circulación, que exigen una organización racional; centros de alojamiento, hoteles, albergues o campamentos; por último, y esto no es lo de menor importancia, un suministro de agua potable y el abastecimiento de víveres, que deberá quedar cuidadosamente asegurado en todas partes.

40

*Deben estimarse los elementos existentes:
ríos, bosques, colinas, montañas, valles, lago,
mar, etc.*

La cuestión de la distancia, gracias al
perfeccionamiento de los medios mecánicos de transporte, ya no desempeña aquí un
papel fundamental. Vale más escoger bien,
aunque haya que ir a buscar lo que se desea
un poco más lejos. Se trata no solamente
de preservar las bellezas naturales todavía
intactas, sino también de reparar los ultra-
jes que algunas de ellas hayan podido sufrir; por último, la industria humana ha
de crear en parte lugares y paisajes según un
programa. He aquí otro problema social muy
importante cuya responsabilidad queda en
manos de los ediles: hallar una contraparti-
da al trabajo agotador de la semana, convertir el día de descanso en algo realmente
vivificador para la salud física y moral; no
abandonar a la población a las desgracias
múltiples de la calle. Un empleo fecundo

de las horas libres forjará una salud y un espíritu verdaderos a los habitantes de las ciudades.

TRABAJO

OBSERVACIONES

41

Los lugares de trabajo ya no se hallan dispuestos racionalmente en el interior del complejo urbano: industria, artesanía, negocios, administración y comercio.

En otro tiempo, la vivienda y el taller, unidos por vínculos estrechos y permanentes, se hallaban próximos el uno del otro. La inesperada expansión del maquinismo ha destruido estas condiciones de armonía; en menos de un siglo, ha transformado la fisonomía de las ciudades, ha roto las tradiciones seculares del artesanado y ha hecho nacer una mano de obra nueva y cambiante. El auge industrial depende esencialmente de los medios de abastecimiento de materias primas y de las facilidades de salida de los productos manufacturados. Las industrias se han volcado literalmente a lo largo de las vías férreas —la innovación del siglo XIX— y a la orilla de las vías fluviales cuyo tráfico multiplicaba la navegación a vapor. Sin embargo, aprovechando las disponibilidades inmediatas en materia de vivienda y abastecimiento de las ciudades existentes, los fundadores de empresas instalaron sus industrias en la ciudad o en sus alrededores, despreciando las calamidades que de ello pudieran derivarse. Situadas en el corazón de barrios residenciales, las fábricas extienden sobre ellos sus polvos y sus ruidos. Instaladas en la periferia, lejos de esos barrios, condenan a los trabajadores a recorrer diariamente largas distancias en condiciones fatigosas de apresuramiento y de aglomeración, haciéndoles perder inútilmente parte de sus horas de descanso. La ruptura con la antigua organización del trabajo ha creado un desorden indecible planteando un problema para el cual hasta el presente sólo se han aportado soluciones para salir del paso. De ello se ha derivado el gran mal de la época actual: el nomadismo de las poblaciones obreras.

42

La vinculación entre la habitación y los lugares de trabajo ha dejado de ser normal; impone unos trayectos desmesurados.

Las relaciones normales entre estas dos funciones esenciales de la vida que son habitar y trabajar han quedado rotas. Los arrabales se han llenado de talleres y manufacturas, y la gran industria, que sigue adelante en su desarrollo sin límites, ha sido rechazada afuera, a los suburbios. Al quedar saturada la ciudad, sin que pueda recibir a nuevos habitantes, se ha hecho surgir a toda prisa ciudades suburbanas, vastos y compactos bloques de cajones para alquilar o parcelaciones interminables. La mano de obra intercambiable, en absoluto ligada a la industria por un vínculo estable, ha de soportar por la mañana, al mediodía y por la noche, tanto en invierno como en verano, el perpetuo danzar y el deprimente tumulto de los transportes en común. En estos desordenados desplazamientos se consumen horas enteras.

43

Las horas-punta de los transportes acusan un estado crítico.

Los transportes colectivos, trenes suburbanos, autobuses y metros, sólo funcionan realmente en cuatro momentos del día. En las horas-punta, la agitación es allí frenética, y los usuarios pagan caro, de su bolsillo, una organización que les reporta diariamente horas de empujones añadidas a las fatigas del trabajo. La explotación de estos transportes es costosa y minuciosa a la vez; al no bastar para cubrir los gastos las tarifas satisfechas por los usuarios, los transportes se han convertido en una pesada carga pública. Para poner remedio a semejante estado de cosas se han defendido tesis contradictorias: ¿hacer vivir a los transportes o hacer vivir bien a los usuarios de los transportes? Hay que elegir. Lo uno supone la reducción del diámetro de las ciudades y lo otro aumentarlo.

44

*Debido a la falta de todo programa —creci-
miento incontrolado de las ciudades, ausencia de previsiones, especulación del suelo,
etcétera—, la industria se instala al azar,
sin obedecer a regla alguna.*

El suelo de las ciudades y el de las regiones circundantes pertenece casi por en-
tero a particulares. La industria misma se
halla en manos de sociedades privadas, su-
jetas a toda clase de crisis y cuya situación
es a veces inestable. No se ha hecho nada
para someter a reglas lógicas la expansión
industrial; por el contrario, todo se ha
abandonado a la improvisación, la cual,
aunque a veces favorece al individuo, abru-
ma siempre a la colectividad.

45

*En las ciudades, las oficinas se han concen-
trado en centros de negocios. Éstos, insta-*

lados en los lugares privilegiados de la ciu-
dad, dotados de los medios de circulación
más completos, pronto son presa de la es-
peculación. Como se trata de negocios pri-
vados, falta la organización útil para su
desarrollo natural.

La expansión industrial tiene como consecuencia el aumento de los negocios, de la
administración y del comercio privados. En
este campo, nada se ha medido ni previsto
seriamente. Hay que comprar y vender,
crear contactos entre la fábrica y el taller,
entre el proveedor y el cliente. Estas transacciones necesitan oficinas. Y estas oficinas
son locales que exigen una instalación precisa, delicada, indispensable para el despacho
de los negocios. Esos equipos, cuando están
aislados, resultan costosos. Todo hace acon-
sejable un agrupamiento que haría posible
las mejores condiciones de funcionamiento
para cada uno de ellos: una circulación có-
moda, comunicaciones fáciles con el exterior, claridad, silencio, atmósfera de buena
calidad, instalaciones de calefacción y re-
frigeración, centros postales y telefónicos,
radio, etc.

46

Las distancias entre los lugares de trabajo y las viviendas deben ser reducidas al mínimo.

Esto supone una nueva distribución, según un plan cuidadosamente elaborado, de todos los lugares consagrados al trabajo. La concentración de las industrias en anillos en torno a las grandes ciudades pudo ser, para algunos, una fuente de prosperidad, pero hay que denunciar las lamentables condiciones de vida que se han derivado de ello para las masas. Esta disposición arbitraria ha creado una promiscuidad insoportable. La duración de las idas y venidas no guarda relación alguna con el diario recorrido del sol. Las industrias deben ser trasplantadas a lugares de paso de las materias primas, a lo largo de las vías fluviales y terrestres o de las líneas férreas. Un lugar de paso es un elemento lineal. Las ciudades industriales, en vez de ser concéntricas, pasarán a ser lineales.

47

*Los sectores industriales deben ser indepen-
dientes de los sectores de habitación; unos
y otros deben estar separados por una zona
verde.*

La ciudad industrial se extenderá a lo
largo del canal, de la carretera o de la vía
férrea, o, mejor aún, a lo largo de estas tres
vías conjugadas. Al ser lineal y no ya anular,
podrá alinear, a medida que se desarrolle, su
propio sector de viviendas que será paralelo
a ella. Una zona verde separará este último
sector de las edificaciones industriales. La
vivienda, localizada en lo sucesivo en pleno
campo, quedará totalmente protegida de los
ruidos y el polvo, pese a hallarse en unas condiciones de proximidad que suprimirán los
largos recorridos diarios; volverá a ser un
organismo familiar normal. Al recuperar-
se de este modo las «condiciones naturales»,
se contribuirá a que cese el nomadismo de
las poblaciones obreras. Se dispondrá de
tres tipos de vivienda, a elección de los ha-

bitantes: la casa individual de ciudad-jardín, la casa individual acompañada de una pequeña explotación rural, y, por último, el inmueble colectivo, provisto de todos los servicios necesarios para el bienestar de sus ocupantes.

48

Las zonas industriales deben hallarse junto al ferrocarril, el canal y la carretera.

La velocidad, totalmente inédita, de los transportes mecánicos, que utilizan ya sea la carretera, el ferrocarril, el río o el canal, necesita de la creación de nuevas vías o de la transformación de las ya existentes. Se trata de un programa de coordinación que debe tener en cuenta la nueva distribución de los establecimientos industriales y de las viviendas obreras que acompañan a éstos.

49

La artesanía, íntimamente vinculada a la vida urbana, de la que procede directamente, debe poder ocupar lugares claramente determinados en el interior de la ciudad.

La artesanía, por su naturaleza, difiere de la industria y exige disposiciones apropiadas. Emana directamente del potencial acumulado en los centros urbanos. La artesanía del libro, de la joyería, del vestido o de la moda halla en la concentración intelectual de la ciudad la excitación creadora que necesita. Se trata aquí de actividades esencialmente urbanas, cuyos lugares de trabajo podrán estar situados en los puntos más intensos de la ciudad.

50

El centro de negocios, dedicado a la administración privada o pública, debe contar con buenas comunicaciones con los barrios de viviendas, al igual que con las industrias o la artesanía que ha quedado en la ciudad o en sus proximidades.

Los negocios han cobrado una importancia tan grande que la elección del emplazamiento urbano reservado para ellos exige un estudio muy particular. El centro de negocios debe hallarse en la confluencia de las vías de circulación que enlazan con los sectores de vivienda, los sectores industriales y artesanos, la administración pública, algunos hoteles y las diversas estaciones (ferroviarias, de carreteras, marítima y aérea).

CIRCULACIÓN

OBSERVACIONES

51

La actual red de vías urbanas es un conjunto de ramificaciones desarrolladas en torno a las grandes vías de comunicación. Estas últimas se remontan en el tiempo, en Europa, mucho más allá de la Edad Media, y a veces, incluso, de la antigüedad.

Algunas ciudades militares o coloniales se han beneficiado desde su nacimiento de un plan ordenado. Primero se trazó un recinto, de forma regular; en él desembocaban las grandes vías de comunicación. La disposición interior era de una útil regularidad. Otras ciudades, más numerosas, han nacido en la intersección o en el punto de unión de varios caminos radiales a partir de un centro común. Estas vías de comunicación se hallan íntimamente ligadas a la topografía de la región, que, a menudo, les impone un trazado sinuoso. Las primeras casas se instalaron al borde del camino, y así nacieron calles principales a partir de las cuales se ramificaron en el curso del crecimiento de la ciudad mediante arterias secundarias cada vez más numerosas. Las calles principales siempre han sido hijas de la geografía; muchas de ellas han sido reordenadas y rectificadas, pero a pesar de todo conservarán siempre su determinismo fundamental.

52

Las grandes vías de comunicación fueron concebidas para el tránsito de peatones o de carruajes; hoy no responden ya a los medios mecánicos de transporte.

Las ciudades antiguas se hallaban rodeadas de murallas por razones de seguridad. Por tanto, no podían extenderse a medida que aumentaba su población. Había que obrar con economía para que el terreno proporcionara la máxima superficie habitable. Esto explica esa disposición de calles y callejas estrechas, que permitían el mayor número posible de puertas de acceso a las viviendas. Esta organización de las ciudades tuvo como consecuencia, además, ese sistema de bloques cortados a pico sobre las calles, de donde tomaban luz, y agujereados, con el mismo fin, por patios interiores. Más tarde, cuando se ampliaron los recintos fortificados, las calles y callejas se prolongaron en avenidas y paseos más allá del núcleo inicial que conservaba su estructura primitiva. Este sistema de construcción, que no responde ya desde hace tiempo a necesidad alguna, tiene todavía fuerza de ley. Se trata siempre del bloque edificado, subproducto directo de la red viaria. Sus fachadas dan a calles o a patios interiores más o menos estrechos. La red circulatoria que lo encierra posee dimensiones e intersecciones múltiples. Esta red, prevista para tiempos diferentes, no ha podido adaptarse a las velocidades nuevas de los vehículos mecánicos.

53

Las dimensiones de las calles, inadecuadas para el futuro, se oponen a la utilización de

las nuevas velocidades mecánicas y a la ex-
pansión regular de la ciudad.

El problema queda planteado por la im-
posibilidad de conciliar las velocidades naturales, la del peatón o la del caballo, con
las velocidades mecánicas de los automóviles, tranvías, camiones o autobuses. La mezcla de ambas velocidades es fuente de mil
conflictos. El peatón circula en perpetua inseguridad, mientras que los vehículos mecánicos, obligados a frenar constantemente, quedan paralizados, lo cual no les impi-
de ser ocasión de un peligro de muerte permanente.

54

Las distancias entre los cruces de las calles
son demasiado pequeñas.

Antes de alcanzar su régimen normal,
los vehículos mecánicos experimentan la
necesidad de la puesta en marcha y de la
aceleración gradual. No puede producirse
brutalmente el frenazo sin ocasionar un rá-

pido desgaste de los principales órganos del vehículo. Habría que prever, por tanto, una unidad de longitud razonable entre el punto de arranque y aquel en el cual será necesario hacer uso del freno. Los cruces actuales, situados a 100, 50, 20 o incluso 10 metros de distancia los unos de los otros, no resultan convenientes para la buena marcha de los vehículos mecánicos. Deberían estar separados por espacios de 200 a 400 metros.

55

La anchura de las calles es insuficiente. El intento de ensancharlas resulta a menudo una operación costosa y además ineficaz.

No hay una anchura-tipo uniforme para las calles. Todo depende de su tráfico, medido según el número y la naturaleza de los vehículos. Las antiguas calles principales, impuestas por la topografía y la geografía desde el comienzo de la ciudad y que constituyen el tronco de la innumerable ramificación de las calles, han conservado casi siempre un tráfico intenso. Generalmente, son demasiado estrechas, pero su ensanchamiento no representa siempre una solución fácil ni siquiera eficaz. Es preciso plantearse el problema mucho más radicalmente.

56

Ante las velocidades mecánicas, la red da calles muestra ser irracional, carente de exactitud, de flexibilidad, de diversidad, de adecuación.

La circulación moderna es una operación muy compleja. Las calles, destinadas a usos múltiples, deben permitir a la vez ir de extremo a extremo a los automóviles, ir de extremo a extremo a los peatones, recorrer los itinerarios prescritos a los tranvías y autobuses, ir de los centros de aprovisiomiento a lugares de distribución infinitamente variados a los camiones o atravesar la ciudad simplemente de paso a ciertos vehículos. Cada una de estas actividades exigiría una pista particular, acondicionada para satisfacer unas necesidades claramente caracterizadas. Por tanto, es necesario dedicarse a un estudio profundo de la cuestión, considerar su estado actual y buscar soluciones que respondan verdaderamente a unas necesidades estrictamente definidas.

57

Los trazados suntuarios, con finalidad representativa, han podido o pueden constituir graves dificultades para la circulación.

Lo que resultaba admisible, o incluso admirable, en la época de los peatones y de las carrozas puede haberse convertido, en la actualidad, en una fuente constante de dificultades. Ciertas avenidas, concebidas al objeto de proporcionar una perspectiva grandiosa, coronada por un monumento o por un edificio, son, hoy en día, una causa de embotellamientos, de retrasos y acaso de peligro. Estas composiciones de orden arquitectónico deberían ser preservadas de la invasión de los vehículos mecánicos, para los cuales no están hechas, y de la velocidad,

a la que jamás podrán adaptarse. La circulación se ha convertido hoy en una función
primordial de la vida urbana. Exige un programa cuidadosamente estudiado que sepa
prever todo lo necesario para regularizar la
afluencia, crear los aliviaderos indispensables y llegar así a suprimir los embotellamientos y el malestar constante de que son
causa.

58

*En numerosos casos, la red ferroviaria se
ha convertido, con la extensión de la ciudad,
en un obstáculo grave para la urbanización.
Esta red encierra barrios de viviendas, pri-
vándolos de contactos útiles con los elementos vitales de la ciudad.*

También aquí el tiempo ha transcurrido
demasiado deprisa. Los ferrocarriles fueron construidos con anterioridad a la prodi-
giosa expansión industrial que ellos mismos
provocaron. Al penetrar en las ciudades,
seccionan arbitrariamente zonas enteras.
No se atraviesa la vía férrea; ésta aísla a

sectores que, habiéndose cubierto poco a poco de viviendas, han llegado a verse privados de unos contactos que les son indispensables. En algunas ciudades la situación es grave para la economía general, y el urbanismo está llamado a considerar la reordenación y el desplazamiento de algunas redes, de modo que se adapten a la armonía de un plan general.

EXIGENCIAS

59

A partir de estadísticas rigurosas, deben realizarse análisis útiles del conjunto de la circulación en la ciudad y en su región, trabajo que revelará cuáles son los cauces de circulación así como el carácter del tráfico.

La circulación es una función vital; su estado actual debe expresarse por medio de gráficos. Entonces aparecerán claramente las causas determinantes y las consecuencias de sus diferentes intensidades, y será más fácil discernir cuáles son los puntos críticos. Solamente una visión clara de la situación permitirá lograr dos progresos indispensables: asignar un destino preciso a cada una de las vías de circulación, consistente en dar paso a peatones, a automóviles, a los camiones de gran tonelaje o a los vehículos de paso; a continuación, dotar a estas vías, según el papel que les haya sido asignado, de dimensiones y caracteres especiales: naturaleza del piso, anchura de la calzada, o emplazamiento y naturaleza de los cruces o enlaces.

60

Las vías de circulación deben clasificarse según su naturaleza y construirse en función de los vehículos y de sus velocidades.

El tipo único de calle que nos han legado los siglos, en otro tiempo acogía por igual a peatones y jinetes; a finales del siglo XVIII, el empleo generalizado de las carrozas provocó la creación de las aceras. En el siglo XX ha caído sobre ella, como un cataclismo, la masa de los vehículos mecánicos —bicicletas, motos, coches, camiones, tranvías—, con sus inesperadas velocidades. El crecimiento fulminante de algunas ciudades, como Nueva York, por ejemplo, provocaba una afluencia inimaginable de vehículos en determinados puntos. Es hora ya de remediar una situación abocada a la catástrofe. La primera medida útil consistiría en separar radicalmente, en las arterias congestionadas, el camino de los peatones y el de los vehículos mecánicos. La segunda, en dar a los transportes pesados un cauce circulatorio particular. La tercera, en proyectar, para la gran circulación, vías de tránsito independientes de las corrientes, destinadas solamente al tráfico menor.

61

Los cruces de tráfico intenso se ordenarán en forma de circulación continua mediante cambios de nivel.

Los vehículos en tránsito no deberían estar sometidos al régimen de las detenciones obligatorias en cada cruce, reduciendo inútilmente la velocidad. Los cambios de nivel en las vías transversales son el mejor medio de permitirles una marcha continua. En las grandes vías de circulación, y a distancias calculadas para obtener el mejor rendimiento, se establecerán enlaces, uniéndolas a las vías destinadas a la circulación menos intensa.

62

El peatón debe poder seguir caminos distintos a los del automóvil.

Ello constituiría una reforma fundamental de la circulación en las ciudades. Y sería tanto más juicioso emprenderla cuanto que iniciaría una era de urbanismo más fecunda y nueva. Esta exigencia de la circulación puede considerarse tan rigurosa como la que, en la esfera de la habitación, condena la orientación de la vivienda al norte.

63

Las calles deben diferenciarse según su destino: calles de vivienda, calles de paseo, calles de tránsito y arterias principales.

Las calles, en vez de abandonarse a todo y a todos, deberán tener regímenes diferentes según su categoría. Las calles de viviendas y los terrenos destinados al uso colectivo exigen un ambiente particular. Para que las viviendas y sus «prolongaciones» disfruten de la paz y la tranquilidad que necesitan, los vehículos mecánicos serán canalizados por circuitos especiales. Las avenidas de tránsito carecerán de todo contacto con las calles de circulación menor salvo en los puntos de enlace. Las grandes arterias principales, que se hallan en relación con todo el conjunto de la región, afirmarán, naturalmente, su primacía. Pero también se pensará en disponer calles para el paseo en las que, al imponerse estrictamente una velocidad reducida para toda clase de vehículos, la mezcla de estos últimos con los peatones no planteará inconvenientes.

64

Las zonas verdes deben aislar, en principio, los cauces de gran circulación.

Las vías de tránsito o de gran circulación, bien diferenciadas de las vías de circulación menor, no tendrán razón alguna para acercarse a las construcciones públicas o privadas. Convendrá que estén bordeadas de espesas cortinas de vegetación.

65

Los valores arquitectónicos deben ser salvaguardados (edificios aislados o conjuntos urbanos).

La vida de una ciudad es un acaecer continuo que se manifiesta a lo largo de los siglos a través de obras materiales, sean trazados o construcciones, que la dotan de una personalidad propia y de los cuales emana poco a poco su alma. Esos testimonios preciosos del pasado serán respetados, en primer lugar, por su valor histórico o sentimental; también porque algunos de ellos contienen en sí una virtud plástica en la que se ha incorporado el genio del hombre en el más alto grado de intensidad. Forman parte del patrimonio humano, y quienes los detentan o están encargados de su protección tienen la responsabilidad y la obligación de hacer cuanto sea lícito para transmitir intacta esa noble herencia a los siglos venideros.

66

Los testimonios del pasado serán salvaguardados si son expresión de una cultura anterior y si responden a un interés general...

La muerte, que no perdona a ser vivo alguno, alcanza también a las obras de los hombres. Entre los testimonios del pasado hay que saber reconocer y discriminar los que siguen aún con plena vida. No todo el pasado tiene derecho a ser perenne por definición; hay que escoger sabiamente lo que se debe respetar. Si los intereses de la ciudad resultan lesionados por la persistencia de alguna presencia insigne, majestuosa, de una era que ya ha tocado a su fin, se buscará la solución capaz de conciliar dos puntos de vista opuestos: cuando se trate de construcciones repetidas en numerosos ejemplares, se conservarán algunos a título documental, derribándose los demás; en otros casos, podrá aislarse solamente la parte que constituya un recuerdo o un valor real, modificándose el resto de manera útil. Por último, en ciertos casos excepcionales, podrá considerarse el traslado total de elementos que causan dificultades por su emplazamiento pero que merecen ser conservados por su elevada significación estética o histórica.

67

Si su conservación no implica el sacrificio de poblaciones mantenidas en condiciones malsanas...

No puede permitirse que por un culto mezquino del pasado, se ignoren las reglas de la justicia social. Algunas personas, a las que preocupan más el esteticismo que la solidaridad, militan en favor de la conservación de algunos viejos barrios pintorescos, sin preocuparse de la miseria, de la promiscuidad y de las enfermedades que éstos albergan. Eso es cargar con una grave responsabilidad. El problema debe ser estudiado, y a veces resuelto mediante una solución ingeniosa, pero el culto por lo pintoresco y

por la historia no debe tener en ningún caso
la primacía sobre la salubridad de las viviendas, de la que tan estrechamente dependen el bienestar y la salud moral del
individuo.

68

*Si es posible remediar el perjuicio de su pre-
sencia con medidas radicales: por ejemplo,
la desviación de elementos de circulación
vitales, o incluso el desplazamiento de centros considerados hasta ahora como inmu-
tables.*

El excepcional crecimiento de una ciudad puede crear una situación peligrosa, que
conduzca a un callejón sin salida del que sólo es posible escapar mediante algunos sa-
crificios. El obstáculo sólo podrá ser elimi-
nado mediante la demolición. Pero cuando
esta medida entrañe la destrucción de auténticos valores arquitectónicos, históricos
o espirituales, sin duda será preferible buscar una solución distinta. En vez de suprimir el obstáculo opuesto a la circulación, se

desviará la circulación misma, o, si las condiciones lo permiten, se le impondrá el paso por un túnel. Por último, también cabe cambiar de lugar un centro de actividad intensa, y, al trasplantarlo a otro punto, modificar por completo el régimen circulatorio de la zona congestionada. Es preciso combinar la imaginación, la inventiva y los recursos técnicos para conseguir deshacer los nudos más complicados.

69

La destrucción de tugurios en los alrededores de los monumentos históricos dará ocasión a la creación de superficies verdes.

Es posible que, en algunos casos, la demolición de casas y tugurios insalubres en los alrededores de un monumento de valor histórico destruya un ambiente secular. Eso es lamentable, pero inevitable. Podrá aprovecharse la ocasión para introducir espacios verdes. Los vestigios del pasado se bañarán con ello en un ambiente nuevo, acaso inesperado pero ciertamente tolerable, y del

que, en todo caso, se beneficiarán ampliamente los barrios vecinos.

70

*La utilización de los estilos del pasado, con
pretextos estéticos en las nuevas construcciones alzadas en las zonas históricas tiene
consecuencias nefastas. El mantenimiento
de semejantes usos o la introducción de tales iniciativas no será tolerado en forma alguna.*

Estos métodos son contrarios a la gran
lección de la historia. Nunca se ha adverti-
do una vuelta atrás; el hombre jamás ha
vuelto sobre sus pasos. Las obras maestras
del pasado nos muestran que cada genera-
ción tuvo su propia manera de pensar, sus
concepciones y su estética; que recurrió,
para que sirviera de trampolín para su imaginación, a la totalidad de los recursos técnicos de su propia época. Copiar servilmen-
te el pasado es condenarse a sí mismo a la
mentira; es convertir la falsedad en principio, pues recomponer las antiguas condi-

ciones de trabajo es imposible y la aplicación de la técnica moderna a un ideal que ha llegado a su ocaso sólo puede dar de sí un simulacro completamente desprovisto de vida. Al mezclar «lo falso» con «lo verdadero», lejos de llegar a dar una impresión de conjunto y de suscitar la impresión de pureza de estilo, se llega sólo a una recomposición ficticia, apenas capaz de desacreditar los testimonios auténticos que tan vivamente se deseaba preservar.

TERCERA PARTE
CONCLUSIONES

71

La mayoría de las ciudades estudiadas presentan hoy una imagen caótica. Estas ciudades no responden en modo alguno a su destino, que debiera consistir en satisfacer las necesidades primordiales, biológicas y psicológicas, de su población.

Las ciudades analizadas con ocasión del congreso de Atenas por los grupos nacionales de los «Congresos Internacionales de Arquitectura Moderna» han sido treinta y tres: Amsterdam, Atenas, Bruselas, Baltimore, Bandung, Budapest, Berlín, Barcelona, Charleroi, Colonia, Como, Dalat, Detroit, Dessau, Estocolmo, Frankfurt, Ginebra, Génova, La Haya, Los Angeles, Littoria, Londres, Madrid, Oslo, París, Praga, Roma, Rotterdam, Utrecht, Verona, Varsovia, Zagreb y Zurich. Estas ciudades ilustran la historia de la raza blanca en los más diversos climas y latitudes. Y todas dan prueba del mismo fenómeno: el desorden que ha introducido el maquinismo en un estado que hasta entonces implicaba una relativa armonía, y también la falta de todo esfuerzo serio de adaptación. En todas estas ciudades se molesta al hombre. Cuanto le rodea le ahoga y le aplasta. No se ha salvaguardado ni construido nada de lo necesario para su salud física y moral. En las grandes ciudades reina una crisis de humanidad, que repercute en toda la extensión de los territorios. La ciudad ya no responde a su función, que consiste en dar albergue a los hombres, y en albergarles bien.

72

Esta situación revela, desde el comienzo de la era de las máquinas, la superposición incesante de los intereses privados.

El predominio de la iniciativa privada, inspirada por el interés personal y el hambre de la ganancia, se halla en la base de este lamentable estado de cosas. Hasta el momento no ha intervenido autoridad alguna consciente de la naturaleza y de la importancia del movimiento del maquinismo, para evitar unos estragos de los que no es posible hacer efectivamente responsable a nadie. Las actividades quedaron, durante cien años, abandonadas al azar. La construcción de viviendas o de fábricas, la ordenación de las rutas terrestres, fluviales o marítimas y de los ferrocarriles, todo se ha multiplicado en medio de un apresuramiento y de una violencia individual que excluían todo plan preconcebido y toda meditación previa. Hoy, el mal ya está hecho. Las ciudades son inhumanas, y de la ferocidad de unos cuantos intereses privados ha nacido la desdicha de innumerables personas.

73

La violencia de los intereses privados provoca una desastrosa ruptura de equilibrio entre el empuje de las fuerzas económicas, por una parte, y la debilidad del control administrativo y la impotencia de la solidaridad social, por otra.

El sentimiento de la responsabilidad administrativa y el de la solidaridad social sufren diariamente una derrota a manos de la fuerza viva e incesantemente renovada del interés privado. Estas diversas fuentes de energía se hallan en perpetua contradicción, y cuando una de ellas ataca, la otra se defiende. En esta lucha, desgraciadamente desigual, lo corriente es que triunfe el interés privado, que garantiza el éxito de los más fuertes en detrimento de los débiles. Pero del mismo exceso del mal surge a veces el bien, y el inmenso desorden material y moral de la ciudad moderna acaso tenga como consecuencia la de hacer surgir por fin el estatuto de la ciudad, el cual, apoyado en una fuerte responsabilidad administrativa, instaurará las reglas indispensables para la protección de la salud y de la dignidad humanas.

74

Aunque las ciudades se hallen en estado de permanente transformación, su desarrollo se dirige sin precisión ni control, y sin que se tengan en cuenta los principios del urbanismo contemporáneo, elaborados en los medios técnicos cualificados.

Los principios del urbanismo moderno han sido determinados por la labor de innumerables técnicos: técnicos del arte de construir, técnicos de la salud, técnicos de la organización social. Esos principios han sido objeto de artículos, de libros, de congresos, de debates públicos o privados. Pero hay que conseguir que sean admitidos por los órganos administrativos encargados de velar por la suerte de las ciudades, los cuales, con frecuencia, son hostiles a las grandes transformaciones propuestas por estos datos nuevos. En primer lugar es necesario que la autoridad aprenda, y a continuación que actúe. Clarividencia y energía pueden llegar a restaurar una situación comprometida.

75

La ciudad debe garantizar, en los planos espiritual y material, la libertad individual y el beneficio de la acción colectiva.

Libertad individual y acción colectiva son los dos polos entre los cuales se desarrolla el juego de la vida. Toda empresa cuyo objetivo sea el mejoramiento del destino del hombre debe tener en cuenta estos dos factores. Si no llega a satisfacer sus a menudo contradictorias exigencias, se condena a sí misma a una derrota inevitable. En cualquier caso, es imposible coordinarlos de manera armoniosa si no se elabora de antemano un programa cuidadosamente estudiado y que no deje nada al azar.

76

La operación de dar dimensiones a todas las cosas en el dispositivo urbano únicamente puede regirse por la escala del hombre.

La medida natural del hombre debe servir de base a todas las escalas, que se hallarán en relación con la vida del ser y con sus diversas funciones. Escala de las medidas aplicables a las superficies o a las distancias; escala de las distancias consideradas en su relación con la marcha natural del hombre; escala de los horarios, que deben determinarse teniendo en cuenta la diaria carrera del sol.

77

Las claves del urbanismo se contienen en las cuatro funciones siguientes: habitar, trabajar, recrearse (en las horas libres), circular.

El urbanismo expresa la manera de ser de una época. Hasta ahora se ha dedicado solamente a un único problema, el de la circulación. Se ha contentado con abrir avenidas o trazar calles, que originan así islotes edificados cuyo destino se abandona al azar de la iniciativa privada. He aquí una visión estrecha e insuficiente de la misión que le ha sido confiada. El urbanismo tiene cuatro funciones principales, que son: en primer lugar, garantizar alojamientos sanos a los hombres, es decir, lugares en los cuales el espacio, el aire puro y el sol, esas tres condiciones esenciales de la naturaleza, estén garantizados con largueza; en segundo lugar, organizar los lugares de trabajo, de modo que éste, en vez de ser una penosa servidumbre, recupere su carácter de actividad humana natural; en tercer lugar, prever las instalaciones necesarias para la buena utilización de las horas libres, haciéndolas benéficas y fecundas; en cuarto lugar, establecer la vinculación entre estas diversas organizaciones mediante una red circulatoria que garantice los intercambios respetando las prerrogativas de cada una. Estas cuatro funciones, que son las cuatro claves del Urbanismo, cubren un campo inmenso, pues el Urbanismo es la consecuencia de una manera de pensar, llevada a la vida pública por una técnica de la acción.

78

Los planes determinarán la estructura de cada uno de los sectores asignados a las cuatro funciones claves y señalarán su emplazamiento respectivo en el conjunto.

A partir del Congreso de los CIAM en Atenas, las cuatro funciones claves del Urbanismo exigen, para manifestarse en toda su plenitud e introducir orden y clasificación en las condiciones habituales de vida, de trabajo y de cultura, disposiciones particulares que ofrezcan a cada una de ellas las condiciones más favorables para el completo desarrollo de su propia actividad. El urbanismo, teniendo en cuenta esta necesidad, transformará la imagen de las ciudades, romperá la aplastante coerción de unos usos que han perdido su razón de ser y abrirá a los creadores un campo de acción inagotable. Cada una de las funciones claves tendrá su propia autonomía, apoyada en los datos que proporcionan el clima, la topografía y las costumbres: se las considerará como entidades a las que serán asignados terrenos y locales para cuyo equipo e instalación se pondrán en movimiento, en su totalidad, los recursos prodigiosos de las técnicas modernas. En esta distribución se tendrán en cuenta las necesidades vitales del individuo y no el interés o la ganancia de un grupo particular. El urbanismo debe garantizar la libertad individual al tiempo que se beneficia de las aportaciones de la acción colectiva y se somete a ellas.

79

El ciclo de las funciones cotidianas, habitar, trabajar y recrearse (recuperación), será regulado por el urbanismo dentro de la más estricta economía de tiempo. La vivienda será considerada como el centro mismo de las preocupaciones urbanísticas y como el punto de unión de todas las medidas.

El deseo de reintroducir las «condiciones naturales» en la vida cotidiana parece aconsejar, a primera vista, una mayor extensión horizontal de las ciudades; pero la necesidad de regular las diversas actividades de acuerdo con la duración de la carrera del sol se opone a esta concepción, cuyo inconveniente reside en imponer unas distancias que no guardan relación alguna con el tiempo disponible. La vivienda es el centro de las preocupaciones del urbanista, y el juego de las distancias será regulado según su posición en el plano urbano, de acuerdo con la jornada solar de veinticuatro horas, que señala el ritmo de la actividad de los hombres y que da la medida justa de todas sus empresas.

80

Las nuevas velocidades mecánicas han transformado el medio urbano al introducir en él un peligro permanente, al provocar el embotellamiento y la parálisis de las comunicaciones y al comprometer la higiene.

Los vehículos mecánicos deberían ser agentes liberadores y aportar, con su velocidad, una ganancia de tiempo estimable. Pero su acumulación y su concentración en determinados puntos se han convertido en una dificultad para la circulación y, a la vez, en ocasión de peligros permanentes. Además, han introducido en la vida ciudadana numerosos factores perjudiciales para la salud. Sus gases de combustión difundidos por el aire son nocivos para los pulmones, y su ruido determina en el hombre un estado de nerviosismo permanente. Esas velocidades utilizables despiertan la tentación de la evasión cotidiana, lejos, a la naturaleza ; difunden el gusto por una movilidad sin freno ni medida y favorecen unos modos de vida que, al producir la dislocación de la familia, trastornan profundamente la estabilidad de la sociedad. Condenan a los hombres a pasar horas fatigosas en toda clase de vehículos y a perder poco a poco la práctica de la más sana y natural de las funciones : la de caminar.

81

Hay que revisar el principio de la circulación urbana y suburbana. Hay que efectuar una clasificación de las velocidades disponibles. La reforma de la zonificación que armonice las funciones claves de la ciudad creará entre éstas vínculos naturales para cuyo afianzamiento se preverá una red racional de grandes arterias.

La zonificación, teniendo en cuenta las funciones claves —habitar, trabajar y recrearse— introducirá orden en el espacio urbano. La circulación, esa cuarta función, debe tener un único objetivo: poner a las otras tres en comunicación útil. Habrá que hacer inevitablemente grandes transformaciones. La ciudad y su región deben ser dotadas de una red exactamente proporcionada a los usos y a los fines, red que constituirá la técnica moderna de la circulación. Habrá que clasificar y diferenciar los medios de circulación y establecer para cada uno de ellos un cauce adecuado a la naturaleza misma de los vehículos utilizados. La circulación, así regulada, se convierte en una función normal que no impone dificultad alguna a la estructura de la vivienda o a la de los lugares de trabajo.

82

El urbanismo es una ciencia de tres dimensiones y no solamente de dos. Con la intervención del elemento altura se dará solución a la circulación moderna y al esparcimiento mediante la explotación de los espacios libres así creados.

Las funciones claves —habitar, trabajar y recrearse— se desarrollan en el interior de volúmenes sometidos a tres imperiosas necesidades: espacio suficiente, sol y ventilación. Estos volúmenes no dependen solamente del suelo y de sus dos dimensiones, sino sobre todo de una tercera dimensión: la altura. Teniendo en cuenta la altura, el urbanismo recuperará los terrenos libres necesarios para las comunicaciones y los espacios útiles para el esparcimiento. Hay que distinguir las funciones sedentarias, que se desarrollan en el interior de volúmenes donde la tercera dimensión desempeña el papel más importante, de las funciones de circulación, las cuales, por su parte, al utilizar solamente dos dimensiones, están vinculadas al suelo y en las que la altura sólo interviene excepcionalmente y a pequeña escala; por ejemplo, en el caso de los cambios de nivel destinados a regularizar determinadas afluencias intensas de vehículos.

83

La ciudad debe ser estudiada dentro del conjunto de su región de influencia. El simple plan municipal será reemplazado por un plan regional. El límite de la aglomeración será función del radio de su acción económica.

Los datos de un problema urbanístico los proporciona el conjunto de las actividades que se despliegan no solamente en la ciudad, sino en toda la región cuyo centro constituye la primera. La razón de ser de la ciudad debe buscarse y expresarse en cifras que permitan prever para el porvenir las etapas de un desarrollo plausible. El mismo trabajo, aplicado a las aglomeraciones secundarias, proporcionará una lectura de la situación general. Podrán decidirse asignaciones, restricciones y compensaciones que atribuirán a cada ciudad, rodeada de su región, un carácter y un destino propios. Así, cada una ocupará un lugar y un rango en la economía general del país. De ello resultará una delimitación clara de los límites de la región. He aquí el urbanismo total, capaz de aportar equilibrio a la provincia y al país.

84

La ciudad, definida en lo sucesivo como una unidad funcional, deberá crecer armoniosamente en cada una de sus partes, disponiendo de los espacios y de las vinculaciones en los que podrán inscribirse, equilibradamente, las etapas de su desarrollo.

La ciudad cobrará el carácter de una empresa estudiada de antemano y sometida al rigor de un plan general. Sabias previsiones habrán esbozado su futuro, descrito su carácter, previsto la amplitud de su desarrollo y limitado de antemano sus excesos. La ciudad, subordinada a las necesidades de la región, destinada a encuadrar las cuatro funciones claves, dejará de ser el resultado de iniciativas accidentales. Su desarrollo, en vez de producir una catástrofe, será la coronación de un proceso. Y el acrecentamiento de su cifra de población ya no tendrá por resultado esa mezcla inhumana que es una de las plagas de las grandes ciudades.

85

Es de la más imperiosa necesidad que cada ciudad establezca su programa, promulgando leyes que permitan su realización.

El azar cederá ante la previsión; a la improvisación sucederá el programa. Cada caso será inscrito en el plan regional; los terrenos serán considerados y asignados a actividades diversas: clara ordenación en la empresa, iniciada desde mañana mismo y proseguida poco a poco por etapas sucesivas. La ley fijará el «estatuto del suelo» dotando a cada una de las funciones claves de los medios que le permitan expresarse mejor, instalarse en los terrenos más favorables y a las distancias más útiles. También debe prever la protección y el cuidado de las superficies que serán ocupadas algún día. Ese estatuto tendrá derecho a autorizar —o prohibir—; favorecerá todas las iniciativas justamente mesuradas; pero velará para que se integren en el plan general y se hallen siempre subordinadas a los intereses colectivos que componen el bien público.

86

El programa debe elaborarse a partir de análisis rigurosos hechos por especialistas. Debe prever las etapas en el espacio y en el tiempo. Debe unir en una fecunda concordancia los recursos naturales del lugar, la topografía del conjunto, los datos económicos, las necesidades sociológicas y los valores espirituales.

La obra ya no quedará limitada al precario plan del geómetra, que proyecta, al azar de los suburbios, los mazacotes de inmuebles y el polvo de las parcelaciones. Será una auténtica creación biológica con órganos claramente definidos, capaces de desempeñar a la perfección sus funciones esenciales. Se analizará los recursos del suelo y reconocerá las necesidades a las que es preciso someterse; se estudiará el ambiente general y serán jerarquizados los valores naturales. Los grandes cauces circulatorios serán confirmados y colocados en su justo lugar, y se determinará la naturaleza de su equipamiento según el uso a que estarán destinados. Una curva de crecimiento expresará el futuro económico previsto para la ciudad. Reglas inviolables garantizarán a los habitantes el bienestar del alojamiento, la facilidad del trabajo, el empleo feliz de las horas libres. El alma de la ciudad quedará vivificada por la claridad del plan.

87

Para el arquitecto, ocupado aquí en tareas de urbanismo, el instrumento de medida será la escala humana.

La arquitectura, tras el desastre de estos últimos cien años, debe ser puesta de nuevo al servicio del hombre. Debe abandonar las pompas estériles, volcarse sobre el individuo y crear para el bienestar de éste las instalaciones que rodearán todos los actos de su vida, haciéndolos más fáciles. ¿Quién podrá adoptar las medidas necesarias para llevar a buen fin esta tarea, si no es el arquitecto que posee un perfecto conocimiento del hombre, que ha abandonado los grafismos ilusorios y que, con la justa adaptación de los medios a los fines propuestos, creará un orden que llevará en sí su propia poesía?

88

El núcleo inicial del urbanismo es una célula de habitación (una vivienda) y su inserción en un grupo que forme una unidad de habitación de tamaño eficaz.

Si la célula es el elemento biológico primordial, el hogar, es decir, el abrigo de una familia, constituye la célula social. La construcción de este hogar, sometida desde hace un siglo al juego brutal de la especulación, debe convertirse en una empresa humana. El hogar es el núcleo inicial del urbanismo. Protege el crecimiento del hombre, alberga las alegrías y los dolores de su vida cotidiana. Si en su interior debe conocer el sol y el aire puro, en el exterior debe prolongarse además mediante diversas instalaciones comunitarias. Para que sea más fácil dotar a las viviendas de los servicios comunes destinados a realizar con facilidad el avituallamiento, la educación, la asistencia médica o la utilización del tiempo libre, será necesario agruparlas en «unidades de habitación» de tamaño eficaz.

89

A partir de esta unidad-vivienda se establecerán en el espacio urbano las relaciones entre la habitación, los lugares de trabajo y las instalaciones consagradas a las horas libres.

La primera de las funciones que debe atraer la atención del urbanista es habitar, y... habitar bien. También es preciso trabajar y hacerlo en unas condiciones que exigen una revisión seria de los usos actualmente en vigor. Las oficinas, los talleres y las fábricas deben ser dotados de instalaciones capaces de garantizar el bienestar necesario para la realización de esta segunda función. Finalmente, no hay que descuidar la tercera, que es recrearse, cultivar el cuerpo y el espíritu. Y el urbanista deberá prever los emplazamientos y los locales útiles para ello.

133

Para resolver esta gran tarea es indispensable utilizar los recursos de la técnica moderna. Ésta, con el concurso de sus especialidades, respaldará el arte de construir con todas las seguridades de la ciencia y lo enriquecerá con las invenciones y los recursos de la época.

La era de las máquinas ha introducido técnicas nuevas que son una de las causas del desorden y el trastorno de las ciudades. No obstante, es de ellas de quien hay que exigir la solución del problema. Las modernas técnicas de construcción han introducido métodos nuevos, aportado facilidades nuevas y permitido nuevas dimensiones. Verdaderamente abren un ciclo nuevo en la historia de la arquitectura. Las nuevas construcciones serán de una amplitud e incluso de una complejidad desconocidas hasta el presente. Para realizar la tarea múltiple que se le impone, el arquitecto deberá asociarse a todos los niveles de la empresa, a numerosos especialistas.

91

La marcha de los acontecimientos se verá influida fundamentalmente por los factores políticos, sociales y económicos...

No basta que se admita la necesidad del «estatuto del suelo» y de ciertos principios de consrucción. Para pasar de la teoría a los actos es necesario, además, el concurso de los factores siguientes: un poder económico tal como se desea, clarividente, convencido, resuelto a implantar las mejores condiciones de vida elaboradas e inscritas en el papel de los planes; una población ilustrada para comprender, desear y reclamar lo que los especialistas han ideado para ella; y una situación económica que permita emprender y proseguir los trabajos, algunos de los cuales serán considerables. Puede ocurrir, sin embargo, que incluso en una época en que todo ha caído al nivel más bajo, en que las condiciones políticas, morales y económicas son muy desfavorables, la necesidad de construir abrigos decentes aparezca de repente como una obligación imperiosa, y que ello dé a lo político, a lo social y a lo económico el objetivo y el programa coherentes que precisamente les faltaban.

92

Y no es aquí donde intervendrá en última instancia la arquitectura.

La arquiectura preside los destinos de la ciudad. Ordena la estructura de la vivienda, esa célula esencial del trazado urbano, cuya salubridad, alegría y armonía están sometidas a sus decisiones. Agrupa las viviendas en unidades de habitación, cuyo éxito dependerá de la justeza de sus cálculos. Reserva de antemano los espacios libres en medio de los cuales se alzarán volúmenes edificados de armoniosas proporciones. Instala las prolongaciones de la vivienda, los lugares de trabajo, los terrenos consagrados a las distracciones. Establece la red circulatoria que ha de poner en contacto las diversas zonas. La arquitectura es responsable del bienestar y de la belleza de la ciudad. Toma a su cargo su creación y su mejora, y le incumben la selección y la distribución de los diferentes elementos cuya afortunada proporción constituirá una obra armoniosa y duradera. La arquitectura es fundamenal para todo.

93

La escala de los trabajos a emprender urgentemente para la ordenación de las ciudades y, por otra parte, el estado infinitamente fragmentado de la propiedad del suelo, son dos realidades antagónicas.

Hay que emprender sin tardanza trabajos de importancia capital, puesto que todas las ciudades del mundo, antiguas o modernas, revelan las mismas taras, procedentes de idénticas causas. Pero no debe emprenderse obra fragmentaria alguna si no se inserta en el marco de la ciudad y en el de la región tal como habrán sido previstos por un estudio extenso y un amplio plan de conjunto. Este plan contendrá forzosamente unas partes cuya realización podrá ser inmediata y otras cuya ejecución habrá de aplazarse para unas fechas indeterminadas. Numerosas parcelas de terreno deberán ser expropiadas y serán objeto de transacciones. Habrá que temer entonces el sórdido juego de la especulación, que tan a menudo aplasta, apenas nacidas, las grandes empresas animadas por la preocupación del bien público. El problema de la propiedad del suelo y de su posible requisición se plantea en las ciudades, en su periferia, y se extiende hasta la zona más o menos amplia que constituye su región.

94

La peligrosa contradicción observada aquí plantea una de las cuestiones más peligrosas de nuestra época: la urgencia de regular, a través de un medio legal, la disposición de todo suelo útil para equilibrar las necesidades vitales del individuo en plena armonía con las necesidades colectivas.

Hace años que las empresas de equipamiento, en todos los lugares del mundo, se estrellan contra el petrificado estatuto de la propiedad privada. El suelo —el territorio del país— debe estar disponible en cualquier momento, y estarlo a su equitativo valor, estimado con anterioridad al estudio de los proyectos. Cuando está en juego el interés general, el suelo debe ser movilizable. Sobre los pueblos que no han sabido medir con exactitud la amplitud de las transformaciones técnicas y sus formidables repercusiones sobre la vida pública y privada, se han abatido innumerables inconvenientes. La ausencia de urbanismo es la causa de la anarquía que reina en la organización de las ciudades, en el equipamiento de las industrias. Por haber ignorado ciertas reglas, el campo se ha vaciado y se han llenado las ciudades por encima de cualquier límite razonable; las concentraciones urbanas se constituyen al azar; las viviendas obreras se han convertido en tugurios. Para la salvaguardia del hombre no se ha previsto nada. El resultado es catastrófico, y casi uniforme en todos los países. Es el amargo fruto de cien años de maquinismo sin dirección alguna.

95

El interés privado se subordinará al interés colectivo.

Abandonado a sí mismo, el hombre pronto queda aplastado por las dificultades de todas clases que ha de superar. Por el contrario, si se somete a demasiadas coerciones colectivas, resulta ahogada su personalidad. El derecho individual y el derecho colectivo deben, pues, sostenerse y reforzarse mutuamente y poner en común todo lo que llevan en sí de infinitamente constructivo. El derecho individual no guarda relación alguna con el vulgar interés privado. Éste, que sacia a una minoría mientras condena al resto de la masa social a una vida mediocre, merece severas restricciones. Debe estar subordinado siempre al interés colectivo, de modo que cada individuo tenga acceso a esos goces fundamentales que son el bienestar del hogar y la belleza de la ciudad.

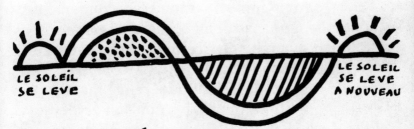

LE SOLEIL
SE LEVE

LE SOLEIL
SE LEVE
A NOUVEAU

LA JOURNÉE SOLAIRE DE 24 HEURES
RYTHME L'ACTIVITÉ DES HOMMES

CIAM

Notas sobre los Congresos Internacionales
de Arquitectura Moderna

1928, Fundación de los CIAM

En 1928, un grupo de arquitectos modernos se reunió en Suiza, en el castillo de la
Sarraz Vaud, gracias a la generosa hospita-
lidad de Mme. Hélène de Mandrot. Tras haber examinado, según un programa elaborado en París, el problema que planteaba el
arte de construir, afirmaron un punto de
vista sólido y decidieron agruparse para en-
frentar a la arquitectura con sus verdaderas
tareas. De este modo se fundaron los Congresos Internacionales de Arquitectura Moderna, los CIAM.

Declaración de la Sarraz

Los arquitectos firmantes, representan-
tes de los grupos nacionales de arquitectos
modernos, afirman su unidad de puntos de
vista sobre las concepciones fundamentales

de la arquitectura y sobre sus obligaciones profesionales. Insisten en particular sobre el hecho de que «construir» es una actividad elemental del hombre, ligada íntimamente a la evolución de la vida. El destino de la arquitectura es expresar el espíritu de una época. Hoy afirman la necesidad de una concepción nueva de la arquitectura, que satisfaga las exigencias materiales, sentimentales y espirituales de la vida presente. Conscientes de las profundas perturbaciones causadas por el maquinismo, reconocen que la transformación de la estructura social y del orden económico entraña fatalmente una transformación del fenómeno arquitectónico correspondiente. Se han reunido con la intención de buscar la armonización de los elementos presentes en el mundo moderno y de volver a situar la arquitectura en su verdadero plano, que es de orden económico y sociológico y que se halla enteramente al servicio de la persona humana. De este modo, escapará la arquitectura a la férula esterilizadora de las Academias. Firmes en esta convicción, declaran que se asocian para realizar sus aspiraciones.

Economía general

El equipamiento de un país exige la íntima vinculación de la arquitectura a la economía general. La noción de «rendimiento», introducida como axioma de la vida moderna, no implica en absoluto la máxima ganancia comercial, sino una producción suficiente para satisfacer plenamente las necesidades humanas. El verdadero rendimiento será el fruto de una racionalización y de una normalización aplicadas con flexibilidad tanto a los planes arquitectónicos como a los métodos industriales de ejecución. Es urgente que la arquitectura, en vez de recurrir casi exclusivamente a una artesanía anémica, se sirva igualmente de los inmensos recursos que le ofrece la técnica industrial, aunque semejante decisión deba conducirla a realizaciones bastante distintas de las que han creado el esplendor de las épocas pasadas.

Urbanismo

El urbanismo es la ordenación de los lugares y de los locales diversos que deben abrigar el desarrollo de la vida material, sentimental y espiritual en todas sus manifestaciones, individuales o colectivas. Abarca tanto las aglomeraciones urbanas como los agrupamientos rurales. El urbanismo ya no puede estar sometido exclusivamente a las reglas de un esteticismo gratuito. Es, por su esencia misma, de orden funcional. Las tres funciones fundamentales para cuya realización debe velar el urbanismo son: 1.º, habitar; 2.º, trabajar; 3.º, recrearse. Sus objetos son: a) la ocupación del suelo; b) la organización de la circulación; c) la legislación. Las tres funciones fundamentales arriba indicadas no se ven favorecidas por el estado actual de las aglomeraciones. Deben ser calculadas de nuevo las relaciones entre los diversos lugares dedicados a ellas, de modo que se determine una justa proporción entre los volúmenes edificados y los espacios libres. Se debe reconsiderar el problema de la circulación y el de la densidad. La desordenada fragmentación del suelo, fruto de las divisiones, de las ventas y de la especulación, debe ser sustituida por una economía básica de reagrupamiento. Este reagrupamiento, base de todo urbanismo capaz de responder a las necesidades presentes, garantizará a los propietarios y a la co-

munidad el reparto equitativo de las plus-
valías que resulten de los trabajos de interés
común.

La arquitectura y la opinión

Es indispensable que los arquitectos
ejerzan una influencia sobre la opinión pública y den a conocer a ésta los medios y los
recursos de la nueva arquitectura. La enseñanza académica ha pervertido el gusto público y es muy frecuente que ni siquiera se
planteen los auténticos problemas de la habitación. La opinión está mal informada, y
los usuarios, en general, apenas ni consi-
guen otra cosa que formular muy mal sus
deseos en materia de vivienda. Por ello, esta
vivienda ha quedado excluida desde hace
tiempo de las principales preocupaciones
del arquitecto. Un puñado de verdades ele-
mentales, enseñadas en la escuela prima-
ria, podría constituir el fundamento de una
educación doméstica. La consecuencia de
esta enseñanza sería formar unas generaciones que tendrían una concepción sana de la
vivienda. Estas generaciones, clientela futu-
ra del arquitecto, serían capaces de impo-

147

nerle la solución del problema, demasiado tiempo descuidado, de la habitación.

La arquitectura y el Estado

Los arquitectos, con la firme voluntad de trabajar en el verdadero interés de la sociedad moderna, estiman que las Academias, conservadoras del pasado, al descuidar el problema de la vivienda en beneficio de una arquitectura puramente suntuaria, dificultan el progreso social. Por su intromisión en la enseñanza, vician en su origen la vocación del arquitecto; y por la exclusiva casi completa que poseen de los encargos del Estado, se oponen a la penetración del espíritu nuevo, lo único que podría vivificar y renovar el arte de construir.

FINALIDADES DE LOS CIAM

Las finalidades de los CIAM son: formular el problema arquitectónico contemporáneo; presentar la idea arquitectónica moderna, hacer penetrar esta idea en los círculos técnicos, económicos y sociales; velar por la realización del problema de la arquitectura.

Los Congresos CIAM

Desde el momento de su fundación, los CIAM avanzaron por el camino de las realizaciones prácticas: trabajos colectivos, discusiones, resoluciones, publicaciones. Los congresos CIAM, que siempre han sido asambleas de trabajo, escogieron sucesivamente diferentes países para reunirse. En cada ocasión, provocaron en los centros profesionales y en la opinión una agitación fecunda, una animación, un despertar.

1928. 1.er Congreso. La Sarraz. Fundación de los CIAM.

1929. 2.º Congreso. Frankfurt (Alemania). Estudio de la vivienda mínima.

1930. 3.er Congreso. Bruselas. Estudio de la parcelación racional.

1933. 4.º Congreso. Atenas. Análisis de 33 ciudades. Elaboración de la Carta del Urbanismo.

1937. 5.º Congreso. París. Estudio del problema Vivienda y Esparcimiento.

1947. 6.º Congreso. Bridgwater. Reafirmación de las finalidades de los CIAM.

1949. 7.º Congreso. Bérgamo. Puesta en práctica de la Carta de Atenas. Nacimiento de la *grille* CIAM de urbanismo.

1951. 8.º Congreso. Hoddesdon. Estudio del centro, del núcleo de las ciudades.

1953. 9.º Congreso. Aix-en-Provence. Estudio del *habitat* humano.

1956. 10.º Congreso. Dubrovnik. Estudio del *habitat* humano.

PUBLICACIONES DE LOS CIAM

1929. DIE WOHNUNGTUR DAS EXISTENZ MI-
NIMÚM (La vivienda mínima). Julius Hoff-
mann, ed. Stuttgart.

1931. RATIONELLES BEBANUNGSWECH. Eng-
lert y Schlosser, ed. Frankfurt.

1937. LOGIS ET LOISIRS. L'Architecture d'aujourd'hui, ed. París.

1941. LA CHARTE D'ATHÈNES, Plon, ed. París.
CAN OUR CITIES SURVIVE? Harvard
University Press, ed. Harvard.

1948. LA GRILLE CIAM D'URBANISME. Colección Ascoral, L'Architecture d'aujourd'hui,
ed. París.

1951. DIX ANS D'ARCHITECTURE CONTEMPO-
RAINE. Girsberger, ed. Zurich.

1952. THE HEART OF THE CITY. Lund Hum-
phries London, ed. Londres.

1954. IL CUORE DELLA CITTÀ. Ulrico Hoeph,
ed. Milán.

ÍNDICE

Impreso en el mes de abril de 1989
en Talleres Gráficos DUPLEX, S. A.
Ciudad de la Asunción, 26
08030 Barcelona